上海会展业发展报告

龚维刚 杨顺勇 ◎ 主编

2011

全国百佳出版社
中央编译出版社
CCTP Central Compilation & Translation Press

图书在版编目（CIP）数据

上海会展业发展报告.2011 / 龚维刚，杨顺勇主编.
—北京：中央编译出版社，2011.12
ISBN 978-7-5117-1225-7

Ⅰ.①上… Ⅱ.①龚… ②杨… Ⅲ.①展览会—产业—经济发展—研究报告—上海市—2011 Ⅳ.①G245

中国版本图书馆 CIP 数据核字（2011）第 265981 号

上海会展业发展报告（2011）

出 版 人：	和 龑
责任编辑：	周新力
责任印制：	尹 珺
出版发行：	中央编译出版社
地　　址：	北京西城区车公庄大街 5 号鸿儒大厦 B 座（100044）
电　　话：	（010）52612345（总编室）（010）52612365（编辑室）
	（010）66161011（团购部）（010）52612332（网络销售）
	（010）66130345（发行部）（010）66509618（读者服务部）
网　　址：	www.cctpbook.com
经　　销：	全国新华书店
印　　刷：	北京天正元印务有限公司
开　　本：	710 毫米×1000 毫米　1/16
字　　数：	225 千字
印　　张：	12.5
版　　次：	2012 年 1 月第 1 版第 1 次印刷
定　　价：	39.00 元

本社常年法律顾问：北京大成律师事务所首席顾问律师　鲁哈达
凡有印装质量问题，本社负责调换，电话：010-66509618

编 委 会

主　　　编：龚维刚　杨顺勇
副 主 编：王　晶　李彬诚　徐　桦
编委会主任：吴承璘　程梅红
编委会成员（按姓氏笔画排列）：

马红定　王　晶　李彬诚
陈　平　陈　虹　陈婧唯
吴星贤　杨　正　杨顺勇
郑建明　郭企元　徐　桦
龚维刚　梁　蕾

序 言

　　2010年是世博年，上海会展业在世博会效应的鼓舞下得到了长足发展。各类展、会以20%的速度持续增长，展会的品牌建设不断推进，会议（论坛）、节事活动以及奖励旅游等会展活动的影响力不断提高，专业化、市场化、国际化、品牌化特点日益凸显，上海会展业已进入规模、质量和效益同步提升的发展阶段，形成了大会展的格局，对区域经济的发展起到了直接和间接的乘数效应。通过展、会活动，传播了许多经济和社会发展的新理念，也进一步提升了上海城市的影响力和辐射力，使上海成为服务长三角乃至服务全国的重要平台之一。借世博会举办之际，上海的会展企业还紧紧地与世博同行，在为世博会的筹建和运营管理上创造优异业绩的同时，也为自身的持续发展，获得了新的动力。上海会展业已处于全国的领先地位，成为了亚太地区重要的国际会展中心城市之一，并正在向国际会展中心城市迈进。

　　本报告综合分析了2010年上海会展业发展的现状、特点和发展趋势，认真总结了"十一五"上海会展业发展的成果和存在的问题，并结合"十二五"期间上海会展业的环境因素和总体目标提出了对上海会展业的发展规划。

　　本报告继续得到了上海市旅游局的支持，由上海旅游会展推广中心、上海应用技术学院和上海市会展行业协会共同合作编制。相信该报告具有一定的代表性、权威性和广泛性，能为政府和社会相关部门以及业界的会展相关人士起到一定的参考作用。

吴承璘

2011年7月

目 录
CONTENTS

序 言 …………………………………………………………… 1

1 **2010年上海会展业发展概况** ……………………………… 1
 1.1 国际展览会举办情况 / 2
 1.2 国内展览会举办情况 / 5
 1.3 赴境外参加国际展览会情况 / 6
 1.4 国际会议(论坛)举办情况 / 12
 1.5 节事活动 / 17
 1.6 奖励旅游 / 18

2 **2010年上海会展业业态分析** ……………………………… 19
 2.1 会员企业 / 19
 2.2 展览主(承)办企业 / 19
 2.3 展示工程企业 / 27
 2.4 场馆建设与运营 / 30
 2.5 诚信建设 / 32
 2.6 教育、培训、认证 / 35
 2.7 国际展览会评估 / 39
 2.8 会展创意建设 / 41

3 **2010年上海会展业世博实践** ……………………………… 43
 3.1 世博会概况 / 43
 3.2 上海会展业参与世博会情况 / 43
 3.3 世博会对上海会展业的启示 / 45

  3.4 世博会观众满意度的调查 / 46
  3.5 世博后会展专业人才的素质与需求调查 / 78

4　"十一五"期间上海会展业发展情况 … 96
  4.1 发展概况 / 96
  4.2 主要特点 / 105
  4.3 存在问题 / 107

5　"十二五"期间上海会展业展望 … 110
  5.1 环境分析 / 110
  5.2 指导思想和发展目标 / 111
  5.3 主要任务和措施 / 112

附录1 2010年上海国际展览会主要项目表 … 117

附录2 2010年上海国内展览会主要项目表 … 129

附录3 2010年上海部分国际会议(论坛)项目表 … 138

附录4 上海市会展行业展览主(承)办机构资质标准 … 156

附录5 上海市会展行业协会展示工程企业资质标准 … 163

附录6 上海市会展行业协会获奖情况 … 169

附录7 首届上海会展创意设计获奖企业名单 … 170

附录8 服务世博协会会员企业获奖名单 … 171

附录9 2010年上海会展行业协会大事记 … 174

附录10 《经济贸易展览会术语》国家标准(摘编) … 176

1

2010年上海会展业发展概况

2010年是世博年,也是"十一五"规划的收官之年,更是规划"十二五"发展的关键之年。2010年,上海全年举办的展会数量居全国首位,会展年总收入占全国近50%,已成为国内会展业实力最强的城市。目前,上海会展产业的专业化、规模化、市场化、国际化和品牌化发展日趋凸显。通过世博会的举办,上海已在新一轮国内会展业竞争中占据优势,并将参考、借鉴日本、新加坡、香港等地的成功经验,向"国际会展中心城市"这一目标迈进。

2010年在上海举办的各类展览会项目共有642个,总展出面积为804万m^2;其中,在上海10个主要场馆举办的展览会项目共480个,比上年减少46个,下降8.7%;总展出面积766万m^2,比上年增加43万m^2,增长5.9%。据统计,2010年上海会展业直接收入135.85亿元,比2009年的116亿元增长17%,其中:展览业收入73.85亿元,会议、论坛收入42亿元,节事活动收入20亿元。以上海会展业1:9.3的拉动系数测算,拉动其他行业收入1263.4亿元。

分析2010年上海会展业取得的巨大成果,"世博效应"成为业界公认的重要推动力。上海市旅游局局长道书明表示,世博会的举办,大大提升了上海城市会展旅游业的国际知名度、美誉度和品牌形象,带动了经济效益和社会效益的双丰收,进一步促进了国际性展览、会议项目对上海城市的青睐与选择。

业内专家表示,近10年来,上海会展业发展之所以突飞猛进,主要原因在于:一、上海会展城市品牌的国际知名度;二、上海现代服务业完备的先进设施;三、上海现代制造业良好的产业基础;四、上海城市对国际总部经济较高的吸引力。当然,上海会展业仍然存在着发展中的问题,如:缺少大型展馆、高端会展人才不足、没有统一的会展扶持政策等等。

上海会展业针对发展中的不足,也在积极努力地做出改善,打破瓶颈,切实推动行业的进一步发展。在展馆方面,落户虹桥商务区的国家会展项目计划于2011年开工,预计面积可达约50万m^2。世博会结束后,原先的世博场馆也已被重新规划而转营为展览场地，上海大型展馆面积不足的现象将得到改善。上海市商务委主任沙海林表示，通过这些措施，到2015年，上海的会展面积将达1500万 m^2，基本建成国际会展中心城市。

此外，一批境内外会展专家和专业团队在世博会落幕后继续留在上海，为上海会展业增加了新生力量，弥补了高端人才匮乏的窘迫。上海市政府的"十二五"规划中，对于会展产业发展的相关扶持政策正在研究，有望出台。

会展经济不仅包括会展场地租赁、展示工程设计制作和各种会展配套服务创造的直接经济收入，更能进一步拉动旅游、购物、宾馆、餐饮、交通、通信、文化演出等行业。因此，国内各线城市纷纷将发展会展业作为城市经济转型的重要目标。目前，基本形成了以北京、上海、广州、大连、成都、西安、昆明等会展中心城市构成的长三角会展经济带、珠三角会展经济带、环渤海湾会展经济带、东北会展经济带以及中西部会展经济带等五大会展城市经济产业框架。上海、北京和广州三大城市的会展业发展更快些。

尽管上海在展览的展出面积具有领先优势，但在向国际高端会展城市迈进的过程中，仍需吸收国际先进的办展理念和成熟经验，大力推动建立长三角世界级会展城市群，提高会展与旅游的联动，加大会展旅游业的扶持力度，完善会展旅游业的金融服务，吸引更多国际会议组织机构落户上海。同时，与国内五大会展经济带加强合作交流，构筑会展经济与旅游经济的互动共赢，推动实现"十二五"期间建成"国际会展中心城市"的目标。

1.1 国际展览会举办情况

2010年在上海举办的国际展览会项目共232个，比上年减少11个，下降4.5%。总展出面积577.5万 m^2，比上年增加17.5万 m^2，增加3%；其中境外参展面积147万 m^2，境外参展比例为25.5%。展出面积在3万 m^2 以上的国际展览项目有51个，比上年增加2个；总展出面积411.51万 m^2，比上年增加28.62万 m^2，增长7.5%。其中：

①10万 m^2（含10万 m^2）以上的国际展览会项目16个，比上年增加1个，总展出面积235.25万 m^2，比上年增长7.7%；

②5~10万 m^2（含5万 m^2）的国际展览会项目17个，比上年增加1个，总展出面积110.03万 m^2，比上年增长6.2%；

③3~5万 m^2（含3万 m^2）的国际展览会项目18个，数量与去年相同，总展出面积66.23万 m^2，比上年增长8.9%。

2010年上海国际展览会吸引的展商共15.98万家，比上年的15.1万家增长5.8%，其中境外展商3.49万家，占比21.8%；吸引的参观客商为812.5万人次，比上年的774万人次增长5.0%，其中境外参观客商59.94万家，占比7.4%。

2010年列入上海会展业50强国际展览会项目情况表

序号	展会名称	展览面积（万 m^2）
1	第十六届中国国际家具展览会	40
2	中国国际工程机械、建筑机械、工程车辆及设备博览会	23
3	第17届中国国际建筑、装饰展览会暨专业屋面、墙面、地面材料及门窗幕墙展览会/第17届中国国际建筑装饰科技精品展览会暨第九届中国国际建筑陶瓷及卫浴科技精品展览会/第十八届上海国际酒店用品博览会/第十一届中国清洁博览会	15
4	中国国际橡塑展	15
5	上海国际汽车零配件、维修检测诊断设备及服务用品展览会	13.8
6	中国国际纺织机械展览会暨ITMA亚洲展览会	12.65
7	第18届上海国际印刷包装纸业工业展览会/第18届上海国际广告技术设备展览会	12.65
8	中国国际纺织面料及辅料（秋冬）博览会/中国国际产业用纺织品及非织造布展览会	12.65
9	中国华东进出口商品交易会	12.65
10	第19届中国国际电子电路展览会/SEMICON CHINA 2010/慕尼黑上海激光、光电展/慕尼黑上海电子展	12.65
11	中国国际建筑贸易博览会及其配套主题展	12.65
12	中国国际家用纺织品及辅料博览会	11.5
13	中国国际五金展览会	10.35
14	亚洲国际动力传动与控制技术展览会/亚洲国际物流技术与运输系统展览会	10.35
15	第12届中国国际工业博览会	10.35
16	中国国际自行车展览会/中国国际电动自行车展览会	10
17	第12届中国国际地面材料及铺装技术展览会	8.05
18	中国国际模具、模具设备展览会及相关工业展览会	7

续表

序号	展会名称	展览面积（万 m²）
19	2010年上海国际儿童、婴儿、孕妇产品博览会/上海儿童服装配饰博览会	6.9
20	2010中国国际皮革展/中国国际鞋类展/中国国际箱包，裘革服装及服饰展	6.9
21	中国国际线缆及线材展览会	6.9
22	中国（上海）国际乐器展览会	6.9
23	第十七届中国国际五金博览会	6.9
24	中国国际焙烤展览会	6.9
25	第10届世界制药原料中国展	6.9
26	上海国际机床展览会/韩国机械展	6.9
27	第十七届中国（上海）国际婚纱摄影器材展览会暨国际儿童摄影、主题摄影展览会（春季）	5.77
28	第十八届中国（上海）国际婚纱摄影器材展览会暨国际儿童摄影、主题摄影展览会（秋季）	5.77
29	国际太阳能及光伏会议暨展览会	5.75
30	中国国际美容化妆洗涤用品博览会	5.75
31	第75届中国电子展暨2010亚洲电子展	5.75
32	中国国际旅游交易会	5.75
33	第十四届中国国际食品添加剂和配料展览会暨第二十届全国食品添加剂生产应用技术展示会	5.24
34	第17届中国国际石材产品及石材技术装备展览会	4.6
35	中国国际环保、废弃物及资源利用展览会和2010中国国际给排水水处理展览会	4.6
36	中国国际食品和饮料展/第十届上海国际包装和食品加工技术展览会	4.6
37	第104届中国日用百货商品交易会	4.6
38	中国国际橡胶技术展览会/亚洲埃森轮胎展	3.75
39	假日楼市（5.1）	3.6
40	假日楼市（10.1）	3.6
41	第十六届中国国际加工、包装及印刷科技展览会	3.45

续表

序号	展会名称	展览面积（万 m^2）
42	中国国际数码互动娱乐产品及技术应用展览会	3.45
43	第二十一届中国（上海）国际建材及室内装饰展览会/第六届中国（上海）国际建筑节能及新型建材展览会	3.45
44	中国国际文具及办公用品展览会	3.45
45	中国国际玩具、模型及婴儿用品展览会	3.45
46	第十四届国际食品、饮料、酒店设备、餐饮设备、烘焙及服务展览	3.45
47	第92届中国针织品交易会	3.45
48	中国（上海）国际风能展览会暨研讨会/第8届中国国际动力设备及发电机组展览会	3.45
49	第十一届中国（上海）国际眼镜业展览会	3.14
50	第十一届中国国际农用化学品及植保展览会	3.14

1.2 国内展览会举办情况

2010年在上海举办的国内展览会共410个，总展出面积226.5万 m^2，比上年增长38.8%。参展商共7.5万家，比上年的6万家增长25%；参观客商共220万人次，比上年的185万增长19%。

2010年在上海举办的较具规模的国内展览会项目情况表

序号	项目名称	规模（万 m^2）
1	2010第五届进口汽车博览会	3.00
2	2010春季中国（上海）婚博会	2.39
3	2010夏季中国（上海）婚博会	2.39
4	2010冬季中国（上海）婚博会	2.39
5	第十届全国农药交流会暨农化产品展览会	2.39
6	第98届中国鞋业、皮具商品博览会暨"名品名店"对接展会	2.33
7	第十届上海墙纸布艺展览会暨家居软装饰展览会	2.33
8	2010上海门业产业展览会	2.33

续表

序号	项目名称	规模（万 m²）
9	2010 上海书展	2.30
10	2010 上交会暨第三届国际进口商品博览会	2.10
11	上海结婚展	2.00
12	上海之春房地产交易展示会	2.00
13	第二十七届中国上海房地产展示交易会	2.00
14	第二十八届中国上海房地产展示交易会	2.00
15	第七届（春季）上海纺织服装采购交易会	1.98
16	上海世博会安徽周主题博览会	1.98
17	2010（第十四届）上海艺术博览会	1.77
18	2010 上海紧固件专业展	1.58
19	中国实验室技术及装备交易会 EXPOLAB	1.58
20	2010 上海家居博览会	1.58
21	2010 第八届中国汽车用品采购交易会	1.58
22	中国药店展	1.58
23	第十五届中国（国际）小电机技术研讨会、第十一届磁性材料、第九届电子变压器、第七届控制继电器、第六届电容器技术展	1.58
24	2010 第十届上海残疾人、老年人康复护理保健用品用具展览会	1.58
25	2010 浙江（上海）旅游交易会暨世博旅游主题展	1.52
26	2010 第三届上海红木艺术家具展览会	1.50
27	上海冬季结婚展	1.50

1.3　赴境外参加国际展览会情况

经济贸易的全球一体化促使企业对于国际市场的重视日益加深。通过前往境外参展，学习国际先进的产业技术，促进了企业产业结构的合理调整，有效提升了国内生产企业的综合竞争力和国际影响力，推动了中国国际贸易的发展。

据不完全统计，2010 年上海市国际贸易促进委员会、上海外经贸商务展览有限公司、上海现代国际展览有限公司、上海万耀企龙展览有限公司、汉诺威米兰展览（上海）有限公司等多家企业组织、协调国内企业赴境外参加国际专业展览会，展会类别涵盖了纺织服装、消费礼品、电子通讯、机械设备等多个大类。会展企业对于国际市场的积极拓展，为上海国际贸易的发展提供了良好的平台。

2010年赴境外参展的部分项目表

序号	展览时间	展览名称	举办地
1	1月	迪拜国际广告及印刷技术设备展	阿联酋
			迪拜
2	1月16日-19日	汉诺威地面铺装展	德国
		DOMOTEX HANNOVER	汉诺威
3	1月15日-18日	米兰家居用品礼品展	意大利
		MACEF	米兰
4	2月28日-3月3日	美国拉斯维加斯国际消费品及礼品博览会	美国
		ASD Trade Show	拉斯维加斯
5	2月28日-3月4日	科隆五金展	德国
			科隆
6	3月2日-6日	汉诺威消费电子、信息及通讯展	德国
		CeBIT HANNOVER	汉诺威
7	4月18日-23日	汉诺威工业博览会	德国
		HANNOVER MUESSE	汉诺威
8	5月4日-7日	米兰动力传动展	意大利
		FTC	米兰
9	5月10日-12日	遮阳及门禁系统中东展	阿联酋
		R + T Dubai	迪拜
10	5月10日-12日	迪拜国际地面铺装展	阿联酋
		DOMOTEX MIDDLE EAST	迪拜
11	5月26日-29日	印尼雅加达中国技术设备和商品展览会	印尼
			雅加达
12	6月7日-12日	莱比锡消防展	德国
		INTERSCHUTZ	莱比锡

续表

序号	展览时间	展览名称	举办地
13	7月	巴西国际影像标识展览会	巴西 圣保罗
14	7月25日-27日	南非国际食品展	南非
15	8月8日-11日	美国拉斯维加斯国际消费品及礼品博览会 ASD Trade Show	美国 拉斯维加斯
16	8月14日-17日	巴西圣保罗国际家庭用品及礼品博览会	巴西 圣保罗
17	9月	非洲标识展览会	南非 约翰内斯堡
18	9月1日-3日	韩国国际纺织展览会	韩国
19	9月3日-7日	华交会法国展	法国
20	9月9日-12日	米兰家居用品礼品展 MACEF	意大利 米兰
21	11月	土耳其伊斯坦布尔国际广告视频通讯户外媒体博览会	土耳其伊斯坦布尔
22	3月	中国纺织成衣展览会 China Fashion Fair	日本 大阪/东京
23	3月10日-12日	莫斯科国际汽车零配件、售后访问展览会 Autoechanika Moscow	俄罗斯 莫斯科
24	3月25日-27日	越南国际畜牧业、乳业展览会 ILDEX Vietnam	越南 胡志明市
25	4月6日-10日	巴西圣保罗国际五金展览会 Feicon Batimat	巴西 圣保罗
26	4月14日-17日	海峡两岸车用电子和汽车零配件展览会 AMPA	中国台北 台北
27	4月15日-16日	日本横滨国际医疗设备与技术展览会	日本 横滨市

续表

序号	展览时间	展览名称	举办地
28	4月20日-23日	美国底特律汽车工业国际博览会 SAE	美国
			底特律
29	4月21日-31日	国际信息通讯展	阿尔及利亚
		SICOM	阿尔及尔
30	5月4日-6日	澳大利亚国际医疗展览会	澳大利亚
		MEDICAL FAIR AUSTRALIA-SYDNEY	悉尼
31	5月5日-7日	美国拉斯维加斯国际五金展览会	美国
		National Hardware Show	拉斯维加斯
32	5月10日-13日	英国国际安全科技专业大展	英国
		IFSEC + SAFETY & HEALTH	伯明翰
33	5月11日-20日	信息技术专业展	阿尔及利亚
		MED-IT	阿尔及尔
34	5月25日-27日	巴西国际安防展览会	巴西
		EXPOSEC	圣保罗
35	5月26日-31日	阿联酋迪拜国际汽车零配件及售后服务展览会	阿联酋
		AMPA	迪拜
36	6月	巴西圣保罗国际医院及医疗设备展览会	巴西
		HOSPITALAR 2010	圣保罗
37	6月1日-10日	阿尔及尔国际博览会	阿尔及利亚
		FIA	阿尔及尔
38	6月	中国台北国际电脑展览会	中国台北
			中国台北
39	7月	墨西哥国际汽车零配件展览会	墨西哥
		PAACE Autuomechanika Mexico	墨西哥城
40	7月	美国纽约国际面料展览会	美国
		TEXWORLD USA	纽约
41	7月2日-8日	法兰克福秋季国际消费品贸易博览会	德国
		Decorate Life	法兰克福

续表

序号	展览时间	展览名称	举办地
42	7月19日-21日	南非米德兰德中国贸易展览会 Made in China SAITEX	南非 米德兰德
43	8月	拉斯维加斯秋季国际服装展览会 MAGIC MARKETPLACE	美国 拉斯维加斯
44	8月2日-4日	南非国际五金展览会 Hardex	南非 约翰里斯堡
45	8月中下旬	巴西圣保罗国际家庭用品及礼品展览会 Int'l Housewares & Gift Fair South America	巴西 圣保罗
46	8月下旬-9月上旬	俄罗斯莫斯科国际汽车及配件展览会 MIMS	俄罗斯 莫斯科
47	8月23日-25日	日本东京国际五金及DIY展览会 JAPAN DIY SHOW	日本 东京
48	9月	科隆国际体育用品、露营设备及园林生活用品博览会 SPOGA + GAFA	德国 科隆
49	9月	中国纺织成衣展览会 China Fashion Fair	日本 大阪/东京
50	9月	俄罗斯联邦轻工纺织及设备展览会 Federal Trade Fair for Textile and Light Industry Goods And Equipment	俄罗斯 莫斯科
51	9月	巴黎秋季国际面料展览会 TEXWORLD FABRICS	法国 巴黎
52	9月	香港钟表展 Hongkong Watch & Clock Fair	中国香港 香港
53	9月	东京国际礼品展览会（秋季） T. I. G. S.	日本 东京
54	9月1日-4日	中华人民共和国贸易展览会 China Trade Exhibition	洪都拉斯 圣佩德罗苏拉

续表

序号	展览时间	展览名称	举办地
55	9月8日-10日	墨西哥国际五金工具展览会	墨西哥
		Expo Nacional Ferretera	无
56	9月14日-19日	国际汽配展	德国
		Automechanika	法兰克福
57	9月15日-18日	俄罗斯莫斯科国际家用及室内纺织品展览会	俄罗斯
		Heimtextil Russia	莫斯科
58	9月21日-26日	2010年德国科隆世界影像博览会	德国
		Photokina 2010	科隆
59	9月26日-10月5日	美国国际安全用品博览会	美国
		NSC Congress & Expo	芝加哥
60	10月	肯尼亚内罗毕国际贸易博览会	肯尼亚
		Nairobi International Trade Fair	内罗毕
61	10月	德国慕尼黑国际信息技术、通讯和新媒体展览会	德国
		SYSTEMS	慕尼黑
62	10月4日-6日	欧洲医药原料展	法国
		CPHI Worldwide	巴黎
63	10月5日-8日	德国埃森安器材展览会	德国
			埃森
64	10月13日-16日	香港电子产品展览会	中国香港
		Hongkong Electronics Fair Autumn Edition	香港
65	10月21日-23日	墨西哥拉美国际集约畜牧业展览会	墨西哥
		VIV America Latina	瓜的那哈拉
66	10月23日-25日	巴基斯坦博览会	巴基斯坦
		Expo Pakistan	卡拉奇
67	11月1日-10日	拉斯维加斯国际汽车零配及售后服务件展览会	美国
		AAPEX	拉斯维加斯

续表

序号	展览时间	展览名称	举办地
68	11月1日-5日	美国拉斯维加斯国际改装车展览会	美国
			拉斯维加斯
69	11月1日-4日	中国商品（印度孟买）展览会	印度孟买
70	11月2日-5日	法国国际安防用品及消防器材展览会 Expo Protection	法国 巴黎
71	11月16日-19日	第八届阿尔及利亚国际农业生产及技术展 Algerian International Agricultural Show Product & Agri-Technology	阿尔及利亚 阿尔及尔
72	12月	贝宁（西非）中国商品展览会	贝宁
			无
73	12月3日-6日	阿尔及利亚国际医院、实验室设备及服务展览会	阿尔及利亚 阿尔及尔

1.4 国际会议（论坛）举办情况

2010年在上海召开的国际会议有792个，比2009年增加21个，与会人数达21万，海外与会人数达5.5万。除上海国际会议中心以及展中带会以外，其他的会议（论坛）举办场所大多集中在酒店和宾馆。根据国际会议协会（ICCA）2009年发布的国际会议城市排名，上海位列第28位。随着上海城市知名度的提高，该协会已决定将其第52届年会于2013年落户上海，这充分表明了国际会议组织对上海城市会议产业发展的乐观前景。

历年来，APEC会议、国际商会年会、财富500强论坛、环太平洋论坛年会、亚太法官会议、国际引航员大会等高层次国际性会议在上海的举行，为上海作为国际会议城市奠定了良好的基础。尤其是世博会的成功举办，加大了国际知名企业、财团、会议机构对上海城市的关注度，他们将一些具有较大影响力的国际会议、企业年会和专业论坛移师上海，为上海赢得了国际会议中心城市的声誉。

此外，多年来在上海举办的系列性国际会议，如上海市市长咨询会议、陆家嘴论坛、亚行年会、海事技术学术会议、国际肝炎肝癌学术会议、国际物流技术与装备学术会议、亚太地区城市信息化高级论坛、国际人类基因组大会等等，也都在特定的专业领域和人群中推进着城市建设和科技发展的创新理念，直接影响着我国前沿学科的发展和领导的宏观决策。

虽然，会议在项目上无法用量化的数字来体现其价值，但在推进经济与社会发展新理念的过程中，与传统媒体和网络媒体一样，对前沿科技研究、专业技术推广、先进理念普及等起到了重要的作用。

一、2010年上海举办国际会议的基本情况

1. 会议数量及类型

2010年上海共举办国际会议792个，与2009年相比微幅增长21个。其中：

公司会议212个，占全部的26.8%；与2009年相比减少24个，同比减少10.2%；

协会会议242个，占全部的30.5%；与2009年相比增加37个，同比上升18%；

专题研讨会及论坛209个，占全部的26.4%；与2009年相比减少45个，同比减少17.7%；

其他会议（包括政府会议）129个，占全部的16.3%，与2009年相比增加53个，同比上升69.7%。

2. 会议规模

从2010年已举办的国际会议规模看，100人以下的会议数量有所减少，100人以上的会议数量有所增长，其中：

1000人以上的大型会议28个，占3.5%，比2009年增加16个；

500-999人的会议71个，占9%，比2009年增加了18个；

300-499人的会议有129个，占16.3%，比2009年增加了5个；

100-299人的会议有440个，占55.6%，比2009年增加了69个；

50-99人的会议有93个，占11.7%，比2009年减少了28个；

50人以下的会议有31个，占3.9%，比2009年减少了51个

792个会议与会总人数达到209053人，其中海外与会者达到55562人。

3. 会议持续时间

会期在6天以上的会议共有37个，比2009年增加12个；

会期在3-5天的会议共有319个，比2009年减少16个；

会期在1-2天的会议共有436个，比2009年增加25个。

二、2010年上海国际会议的特点

1. 会议数量增长幅度较大

①协会会议和其他会议（包括政府会议）

2010年在沪举办的协会会议与2009年相比增加37个，同比增长18%；其他会议（包括政府会议）与2009年相比增加53个，同比增长69.7%。

2010年，在100多个国际国内协会来沪举办国际性会议中，以设计展览展示、文化艺术的国际协会居多，例如：国际博物馆协会、国际展览服务联盟、国际艺术设计院校联盟、亚洲表演艺术节联盟、世界华人建筑师协会、世博会主办城市和地区协会等，其中仅国际博物馆协会就协同十几个分支机构和专业委员会来沪举办了国际博物馆大会，与会人数超过3500人。

②联合国下属机构和各类国际组织会议

2010年，联合国人居署、联合国教科文组织、联合国工业发展组织、联合国开发计划署、联合国环境规划署、联合国经济与社会事务部等机构以及世界卫生组织、国际竹藤组织、世界气象组织、世界贸易组织、国际生态安全合作组、粮农组织（FOA）、国际信息发展组织、国际过去全球变化组织、亚太中央证券存管机构组织、国际实验室认可合作组织、国际货币基金组织等30余个国际机构组织在沪举办高层次国际会议，有效地丰富了上海会议产业的内涵，提升了上海会议城市的品质。

此外，本届世博会参展的国际组织借参展之际，在沪举办了国际会议和交流活动，成为2010年上海城市会议活动的一大特点和亮点。

③专业机构会议

随着专业会议机构和企业、咨询公司和商业公司在沪办会的数量逐年增长，一批境内外的会议企业纷纷在沪成立了办事机构。例如，上海英致投资管理有限公司（Innch International）、捷培森咨询有限公司（JF Pearson）、易贸会展（CBI EVENTS）、百奥泰生物科技有限公司（BIT Life Sciences）、上海翱蒲商务咨询有限公司（oppland）、《欧洲货币》杂志（Euromoney）、香港精肯会展（Beacon events）、英国汽车物流杂志（Automotive Logistics）、诺本集团（Noppen）、上海奇数商务投资咨询有限公司（IGVision）、法戈（中国）咨询公司（FAGO PR & Events）等。这些企业在沪举办了国际性的会议，不仅丰富了会议的举办主体，也提高了上海会议的市场化程度。

④各国商会和投资性国际会议

2010年，世博会作为世界经济的奥林匹克盛会，吸引美国商会、挪威商会、德国商会、卢森堡商会、世界可持续性发展工商理事会、中华工商联等国内外商会和外国商务机构在沪举办商业性、投资性的会议超过60余场。国际性组织创意、创新的会议主题，进一步对上海的会议市场注入了生机，挖掘了会议市场深度开发的潜力。

2. 国际会议影响力提升态势明显

①国际性会议参会人数持续增长

2010年国际会议参会总人数呈增长趋势，比2009年增加42662人次，同比增长25.6%，达到209053人次；与此同时，境外参会人数也有较大的增长，比2009年增加15606人次，同比增长39%，达到55562人次。

值得注意的是，2010年上海接待海外入境游客850万名，比2009年接待的入境游客628.9万人次增长了35%。说明2010年参加上海国际性会议的境外参会代表数的增长与同期海外游客的增长态势基本保持一致。

②国际性会议规模不断扩大

2010年在沪举办的超过1000人的国际性会议为28个，比2009年增加16个；500-999人的会议为71个，比2009年增加了18个；300-499人的会议为129个，比2009年增加了5个，100-299人的会议为440个，比2009年增加了69个。

上海会议市场的日趋完备和世博效应促使2010年会议市场取得不菲的成绩。尽管2010年国际会议数量仅比2009年增长21个，但随着参会人数的增长，平均每个会议的参会人数从2009年的216人增加到264人，增长率为22.2%，上海的国际性会议市场规模上升明显。

③国际性会议持续时间有所延长

2010年在沪举办的国际会议中，会期在6天以上的会议和1-2天的会议，比2009年都有增加。尽管会期在3-5天的会议共比2009年略有减少，但从总体趋势而言，国际会议的会议时间延长了。可以说，世博会对会议举办时间的延长也是起到了一定影响作用的。

会议持续时间的延长，有利于参会人员对会议的深度参与和思想碰撞，推动了更多实质性成果的产生。

三、2010年上海博览会对上海国际会议的影响

1. 国际性会议在举办时间上"前少后多"

2010年上半年举办会议259个，下半年举办会议533个，下半年明显多于上半年。举办会议最多的月份分别是11月（166个）、9月（104个）、6月（100个）、10月（99个）。其中9月-11月举办的会议超过全年举办的45%；而1-4月举办的会议只占11%。上半年因筹备世博会等原因导致许多国际会议延期到下半年举行，因而呈现出"前少后多"的特点。

2. 众多会议的主题和世博会主题联系密切

2010年上海世博会是历史上首届以"城市"为主题的综合类世博会，为全世界人民一起就城市发展贡献智慧，思考城市发展、环境保护、可持续性发展等议题提供了良好契机。

全年在沪举办的涉及"城市"为议题的会议超过50个，涉及"可持续"、"绿色"、"低碳"、"环境"的会议超过50个。世博会的主题促使各行各业专家、学者积极思考城市与环境的可持续性发展，也丰富了2010年上海会议市场，既促进了交流合作，又彰显了城市"开放、和谐、进步"的形象。

3. 世博主题会议大多进入世博园区

2010年，许多国际性会议进入世博园，在各国国家馆、世博中心举办。世博会的各参展国纷纷借参加世博之机，在世博园内宣扬投资环境和国家形象，为国际商务投资和贸易创造了机遇，为学术交流提供了平台。

4. 进一步推动区域合作和长三角会议旅游一体化

2010年，由于世博会的辐射和延伸，一批高层次的主题论坛、国际研讨会在宁波、苏州、无锡、南京、绍兴和杭州等城市举行。长三角各城市之间的合作交流，进一步加强了区域内的会议和旅游资源的互补，推动了区域经济的良性互动。世博会为长三角的会议旅游经济一体化提供了重要契机。

四、对上海会议旅游市场发展的几点建议

1. 巩固行业服务水平，加强国际合作交流

上海世博会为上海的业界同仁提供了与国外同行加强交流学习的机会，提高了全市会议旅游行业的服务质量，推动了行业水准日趋国际化、信息化、个性化。通过加强对人才队伍的建设，全面提升了对会议旅游活动的执行力。随着会议旅游业市场的发展，建议会议旅游业界应当通过"中国（上海）会议旅游产业发展论坛"、上海会奖工作小组、ICCA中国委员会、2013年ICCA年会的举办的平台和契机，进一步加强专业人才培训、建立合作与交流机制，巩固和提高行业服务水平。

2. 有效利用会奖设施，拓展会议旅游市场

世博会举办，使上海的生态环境、城市功能、基础设施，尤其是旅游设施不断健全，为上海会议旅游业的发展铺平了道路。建议会议旅游业的从业者可以充分利用后世博时期的这些资源，加强策划、升华内涵、创新营销、扩大推广、个性服务，联合业界做好市场拓展，促进行业繁荣发展。

3. 提升城市品牌价值，持续产业发展

世博会为上海城市会议旅游提供了极好的发展契机，形成了一种无形资

产。建议上海会议旅游从业者，以世博会所创造的品牌效应为基础，科学整合旅游资源与世博资源，建立独特的城市品牌优势，推动市场规模化、专业化、国际化的发展，实现城市会议旅游业可持续发展。

1.5 节事活动

2010年，在上海举办的节事活动中，已形成规模且在境内外有一定影响力的有上海国际艺术节、上海国际电影节、上海国际电视节、上海国际旅游节、国际文化节、上海国际服装节、上海购物节、上海科技节等。各类节事活动形式多样，活动内容进一步向主体化、专业化、产业化、国际化拓展。同时，配合世博会的召开，各大节事活动开辟了新的专题，带动了上海经济的联动发展，丰富了人们的精神文化生活。如：

【上海国际电影节】2010年上海国际电影节在专业架构、活动规模及社会影响力等方面迅速提升，共有81个国家和地区的2327部影片报名金爵奖与亚洲新人奖以及国际学生短片大赛，无论是报名影片、市场招展、创投项目还是出席红地毯、电影论坛的明星与嘉宾，数量上都再次刷新历届最高纪录。世界首映、国际首映、亚洲首映的影片数量迅速上升。不仅报名影片数量创历史之最，且内容之丰富、风格之多元、制作之精良的优秀影片呈递增之势，一批国际大牌导演的新作也纷纷主动报名参赛参展。为了对接世博会，电影节还策划了许多与世博相关的活动，为世博再添一份精彩。

【上海国际旅游节】2010年上海购物节历时25天，以"体验都市魅力，就从购物开始"为主题，贯穿"世界风"、"中华情"、"上海韵"三条主线，展示"时尚"、"品味"、"休闲"、"体验"四大板块。在此期间，共推出主题活动500多项，其中重点活动85项；2000多家商业企业、20000多个网点踊跃参与，购物游专线增加至12条。为满足世博游客的需求，"世博特许商品游"专线也在旅游节开幕当天开通。据统计，2010年上海旅游节共吸引游客达900万人次，创历年新高。为来自海内外的观博游客在感受世博会的同时，提供了进一步了解上海本土文化和城市独有气质的平台。

【上海国际服装文化节】2010年上海国际服装文化节全面整合了上海国际服装文化节和上海时装周的活动资源，根据世博整体安排，将活动从三月延伸至十月，总共分为五个阶段。在办好服装文化节的同时，抓住世博契机，真正成为自主品牌国际化的服务平台、国际品牌辐射中国的展示高地、原创设计培育提升的孵化基地和海派文化传承发展的有效载体。

上海城市国际性大型节事活动的规模和影响力的不断提升，带动了许多品牌活动、特色活动的发展，如：上海德国啤酒节、南翔小笼节、音乐烧烤节、奉贤旅游风筝会等。各区县在旅游节、购物节等活动之际，也纷纷开展旅游资源的建设，打造出上海淀山湖旅游节、上海崇明森林旅游节、上海闵行旅游节等旅游主题活动。同时，从自身特色出发，推出了一批主题鲜明的节事活动，如：嘉定区的外冈腊梅节、南汇区的上海桃花节、奉贤区的上海油菜花节。这些活动丰富了人们的生活休闲方式，提升了精神文明的建设，树立了各地区的品牌形象，促进了上海城市节事活动的可持续发展。

1.6 奖励旅游

2010年4月7日，2010中国（上海）国际奖励旅游及大会博览会在上海世贸商城举行，拉开了一系列国际性的奖励旅游活动序幕。博览会以"打造全球MICE商业合作的桥梁"为主题，邀请了39个国家的近300位买家，吸引了230多家参展企业和组织参会。"到上海看世博会"作为不少企业奖励旅游的一个重要节目，促使上海在2010年成为全球奖励旅游的重要目的地，创造了世博参观人数逾7000万人次的世界纪录。

近年来，上海致力于上海会议商务奖励旅游市场的开发，努力打造上海成为全国乃至亚洲重要的会议商务旅游目的地城市之一。上海市旅游局发起的"上海会议大使"任命工作、支持中国（上海）国际奖励旅游及大会博览会在上海落户发展、设立上海会展旅游网等一系列举措，吸引了大批不同行业的国际商务会议在上海举办，对上海的奖励旅游事业发展起到了积极的促进作用。

2

2010年上海会展业业态分析

2.1 会员企业

截止2010年底,经上海市工商局注册的各类会展服务性企业近3000家,其中主营会展业务的约有700余家,已有498家会展企业成为上海市会展行业协会的会员单位。

根据会员单位属性结构分类,主要包括国有企业、独资企业、合资企业、私营企业和其他社会团体等五类。其中,民营企业数量最多,有363家,占总数的73%;其次是国有企业53家,占10.6%;独资企业44家,占8.8%;合资企业22家,占4.4%;社会团体及事业单位等其他会员16家,占3.2%。

会员单位的业务结构也呈多元化,基本涵盖了会展主体业务以及与之相关的业务领域,主要包括主(承)办单位、展示工程单位、场馆单位和相关配套服务单位等四类。其中,展示工程类企业的数量最多,有295家,占59.2%;其次是相关配套服务单位98家,占19.7%;主(承)办单位85家,占17.1%;场馆单位20家,占4.0%。

2010年,全体会员单位与协会紧密配合,诚信服务、创新发展,在协会的组织下参与世博、服务世博,积极投入"十二五"上海会展业发展规划的大讨论,与国际先进的会展设计理念和管理方式亲密接触,提高了上海会展企业的整体能力。

2.2 展览主(承)办企业

为进一步规范上海市展览和会议组织机构的经营行为,在依法办展办会、诚信服务的同时又切实依法维护自身利益,上海市会展行业协会展览主(承)办机构专业委员会于协会第二届第四次理事大会通过成立。

展览主（承）办机构专业委员会（排名不分先后）

名誉主任：	
刘日熙	上海科技会展有限公司董事长

主任：	
徐 桦	上海市会展行业协会副秘书长

副主任：	
孟怡宁	上海科技会展有限公司总经理
石金勇	上海商展办展览有限公司总经理
陈爱新	上海工业商务展览有限公司总经理
王明亮	上海博华国际展览有限公司执行董事
顾春霆	上海市国际展览有限公司总经理
孙建安	上海外经贸商务展览有限公司总经理
窦飞宇	上海环球展览有限公司总经理
桑敬民	上海百文会展有限公司总经理
章学强	上海万耀企龙展览有限公司总经理
张 梅	科隆展览上海分公司总经理
符 禹	汉诺威展览（上海）有限公司总经理
张定国	上海现代国际展览有限公司总经理

目前，协会会员中负责展览的主（承）办机构有85家。为积极稳妥地推进会展行业展览主（承）办机构的规范发展，通过第三方评估机构的专业评估，协会于2010年10月评出了14家展览主（承）办机构一级企业。

第一批被评为展览主（承）办一级企业名单（以会员编号为序）

上海科技会展有限公司
上海商展办展览有限公司
上海博华国际展览有限公司
上海市国际展览有限公司
上海外经贸商务展览有限公司
上海现代国际展览有限公司
上海国际展览中心有限公司
上海环球展览有限公司
上海百文会展有限公司

续表

上海国际服务贸易（集团）有限公司
上海万耀企龙展览有限公司
上海协升展览有限公司
上海纺织技术服务展览中心
上海跨国采购中心有限公司

2010年在沪举办的51个较具规模（3万 m^2 以上）的国际展览会涉及主（承）办单位38家，其中21家为注册在上海的企业，17家为北京来沪单位，两者办展规模比例约为3:1，详见下表：

2010年在上海举办的3万 m^2 以上国际展览会项目主（承）办单位情况表

序号	单位名称	3万 m^2 以上项目数量（个）	3万 m^2 以上项目总展出面积（万 m^2）
（一）在上海注册的企业主（承）办项目情况		32	306.54
1	慕尼黑展览（上海）有限公司	3	40.25
2	上海博华国际展览有限公司	1	40
3	上海市国际展览有限公司	4	31.19
4	法兰克福展览（上海）有限公司	3	28.75
5	上海外经贸商务展览有限公司	2	27.65
6	上海环球展览有限公司	2	27.65
7	上海现代国际展览有限公司	2	16.1
8	上海世博集团	1	10.35
9	汉诺威米兰展览（上海）有限公司	1	10.35
10	上海协升展览有限公司	1	10
11	上海万耀企龙展览有限公司	1	8.05
12	上海协作国际展览有限公司	2	7.2
13	上海商展办展览有限公司	1	6.9
14	上海国际展览中心有限公司	1	6.9
15	上海东博展览有限公司	1	6.9
16	杜塞尔多夫展览（中国）有限公司	1	6.9
17	上海诺盖斯展览策划有限公司	1	5.75
18	上海百文会展有限公司	1	5.75

续表

序号	单位名称	3万 m² 以上项目数量（个）	3万 m² 以上项目总展出面积（万 m²）
19	上海跨国采购中心有限公司	1	3.45
20	华汉国际会议展览（上海）有限公司	1	3.45
21	上海国际汽车城东浩会展中心有限公司	1	3
	（二）北京单位来沪主（承）办项目情况	19	104.97
1	中国国际贸易促进委员会轻工行业分会	3	22.49
2	中国国际贸易促进委员会纺织行业分会	1	12.65
3	亚洲博闻有限公司	1	6.9
4	中国五金交电化工商业协会	1	6.9
5	中国医药保健品进出口商会	1	6.9
6	中国电子器材总公司	1	5.75
7	中国国家旅游局	1	5.75
8	北京爱博西雅展览有限公司	1	4.6
9	中国百货商业协会	1	4.6
10	中国国际贸易促进委员会建筑材料行业分会	1	4.6
11	中国中联橡胶有限公司	1	3.75
12	通用国际广告展览有限公司	1	3.45
13	中国国际贸易促进委员会	1	3.45
14	中国玩具协会	1	3.45
15	中国纺织品商业协会	1	3.45
16	中国国际贸易促进委员会化工行业分会	1	3.14
17	中国眼镜协会	1	3.14
	合计：	51	411.51

部分较具代表性的国际展览项目：

【2010 中国国际工业博览会】2010 中国国际工业博览会于 2010 年 11 月 9 日-13 日在上海新国际博览中心举办。本届中国国际工业博览会以"科技创新和装备制造业"为展示主题，展览总面积 103,500m²，有来自全球 1653 家企业参展。其中，境外参展商来自 20 个国家和 3 个地区，参展面积达到 32.3%；境内展商来自全国 28 个省市自治区和 5 个计划单列市。来自海外 74

个国家和地区、中国31个省区市的116,768人次观众参观了本届中国国际工业博览会，其中专业观众102,998人次。展会同期举行的论坛或活动达60场。据不完全统计，现场产品和技术成交总额达14.61亿元。

2010中国国际工业博览会的市场运作能力进一步提高，展会品牌的国际影响力再上一个新的台阶。

【第20届中国华东进出口商品交易会】中国华东进出口商品交易会（简称"华交会"）是由中华人民共和国商务部支持，上海市、江苏省、浙江省、安徽省、福建省、江西省、山东省、南京市、宁波市9省市联合主办，每年3月在上海举行，是国内对外经济贸易类展会的盛会。

第20届华交会于2010年3月1日-5日在上海新国际博览中心举行，展览面积达10.35万m^2，展位达5312个，分4个专业展区（服装、家用纺织品、装饰礼品、日用消费品展区），参展企业3300余家。展会还设立了境外展区，来自丹麦、印度、尼泊尔、蒙古、日本、韩国等9个国家和地区的企业参展。来自美洲、欧洲、非洲、中东以及亚太各国的123个国家和地区近2万多名客商和2.5万名国内专业客户到会洽谈，出口成交总额达27.33亿美元。

【2010中国（上海）国际跨国采购大会】中国（上海）国际跨国采购大会（ISF CHINA）始于2002年。2006年经国务院批准，升格为由国家商务部和上海市人民政府主办、23个省市政府协办的国家级展会。大会以"采购商设展位"的方式吸引了五大洲著名跨国财团和500强企业的参展，大批海内外供应商到会洽谈，是目前国内最大的国际跨国采购盛会。

2010年中国（上海）国际跨国采购大会设置了消费品采购专区、工业品采购专区、国家及地区采购专区（日本、德国、拉美、澳洲等）、联合国采购专区、供应商展示区、汽车零部件采购洽谈区等展区，展出面积达23000多m^2。来自于联合国采购机构及全球五大洲的跨国采购团体、世界500强企业及海外买家代表团的数百家跨国采购商携万余种产品清单亲临上海，为跨国公司释放在华采购潜能、吸引跨国采购机构加速集聚中国、扩大中国产品在跨国采购网络中的份额起到重要的推动作用。本届组委会于大会同期出版了《"跨国采购"中国优质供应商（2010）》目录，为广大企业及时掌握后金融危机时期的市场趋势，使企业在"采·供"体系重新洗牌后获得"先发"优势以及便于国际买家继续了解中国供应商情况做出了介绍。

【第十六届中国国际家具展】2010年9月10日，为期四天的第十六届中国国际家具展在上海新国际博览中心落下帷幕。来自中国和23个海外展团共2000余家展商展出了最新的设计展品，沪上70余家知名家居品牌门店共襄盛举,给来自160个国家和地区的海内外观众带来了一年一度的家居盛宴。

在这场中国家具业内年度顶级盛事中,中国家具正逐渐从"制造"向"创造"转型,越来越多的家具精品涌现在展会上。展会还将继续精品路线,展现更多中国家具顶尖作品,力争打造世界顶级家居盛宴。

【第十四届上海国际汽车工业展览会】以"创新·未来"为主题的第十四届上海国际汽车工业展览会于2010年4月28日圆满落下帷幕。本届车展吸引了20个国家和地区2000家中外汽车展商参展;展出整车1100辆,其中进口车200辆,国产车900辆;全球首发车75辆。展览会展出规模23万m^2,共接待观众71.5万人次,2700多家中外媒体共9872名记者竞相报道了车展的盛况。

展览会期间,主办方还举办了以"创新·未来——新形势下的产业展望"为主题的"上海车展高峰论坛"和17场高水平技术交流会以及中外汽车设计师之夜等活动。

【第二十届中国国际自行车展览会】由中国自行车协会主办、上海协升展览有限公司及上海市国际展览有限公司承办的第二十届中国国际自行车展览会于2010年4月30日在上海新国际博览中心圆满闭幕。CHINA CYCLE 2010恰逢20周年大庆,以"触动时尚,变革生活"为主题的本届展会吸引了来自意大利、荷兰、瑞士、法国、德国、美国、印度、日本、韩国、巴基斯坦、孟加拉国、中国及香港特别行政区和台湾地区等14个国家和地区的1117家知名厂商,预订了4778个展位,分布于自行车及零配件、电动自行车及零配件、摩托车及零配件、童车及零配件、机械设备、自行车旅游休闲用品及海外展团等十余个专业展区。展览会展出面积达10万m^2,观众102022人次,继续保持着亚洲及世界最具规模与影响力的重要展会地位。

【第十五届中国美容博览会】2010年5月19日–21日,第十五届中国美容博览会在上海新国际博览中心举办。本届展会规模达到76000m^2,设3800个国际标准展位,汇聚了内地、香港和台湾地区以及海外19个国家和地区共计近1257家参展企业,吸引了来自中国31个省市自治区及海外的20.16万人次的贸易买家及专业人士到会洽谈,其中10.09%来自海外。国际著名品牌的大规模进驻成为展会的一大亮点,充分展示了其作为中国最具权威的综合美容化妆品产业链平台的独特魅力。

【2010上海国际儿童、婴儿、孕妇产品博览会】2010年7月22–24日,由UBM(联合商业媒体)合资子公司举办、亚洲博闻旗下品牌展会之一的上海国际儿童、婴儿、孕妇产品博览会(简称CBME孕婴童展·童装展)在上

海新国际博览中心举行。博览会始于2001年，至今已成功举办10届，是亚洲最大的孕婴童产品博览会、国内最大的童装展会。展品包括孕·0-16岁全系列用品、玩具、童装婴装童鞋及配饰、童车童床及家具、孕装内容及配饰、孕婴食品保健品。展出总面积69000m²，设有3200个展位，比上届增加16000m²；参展商950家，1430个参展品牌，其中新参展品牌450个，参展商比上届增加196家，参展品牌比上届增加355个，其中海外品牌384个。3天的展会共吸引观众81539人，其中中国大陆72868人，境外观众8671人，来自78个国家和地区。

【CILPS中国国际高端物业展】CILPS中国国际高端物业展是中国规模最大、规格最高的全球高端不动产暨定制家居顶级盛会，旨在为中国乃至亚太地区的富豪、财富精英阶层展示世界各地的顶级华宅、高品位的休闲度假地产和定制家居，演绎高品位的生活方式，是高端物业和品质家居最佳的展示、推广和交易平台。2010年CILPS海外参展城市17个，境内参展城市11个，60个参展项目，共吸引2,962组买家和81家媒体到场，现场交易额达到5.8亿元人民币。

【第十五届中国国际质量控制与测试工业设备展览会】2010年9月15-17日，由中国机械工业联合会、中国机械工程学会无损检测分会、中国机械工程学会理化检验分会、中国机械工程学会材料分会、机械工业材料质量检测中心长期支持，上海材料研究所主办的"第十五届中国国际质量控制与测试工业设备展览会"（2010 QC CHINA）在上海光大会展中心举行。本展是国内工业检测行业中范围广、历史久、规模大的权威展会。本届展会总面积为7000多平方米，容纳标准展位330多个，其中标准展台184个，光地特装26个。参展商来自10多个国家和地区，中外参展企业近200家，到会海内外专业观众3000多人次。展会期间共举办了12场技术交流会，得到了专业观众和展商的欢迎和认可。从观众返回的信息表统计，观众观展后的满意率达到了94.8分，比2009年提高了12%。

【第十八届上海国际广告印刷包装纸业展览会】作为UFI认证项目，2010年7月7-10日，由世博集团上海现代国际展览有限公司主办的第十八届上海国际广告印刷包装纸业展览会在上海新国际博览中心举行。展览面积达15万多平方米，中外参展企业1400余家，到会海内外专业观众114000人次。该展会作为全球广告行业一年一度的采购贸易平台，是中国广告标识行业最权威的一次专业盛会，集中展示了当今全球最为领先的设备、技术、产品以及一站式创新解决方案。获评上海市会展行业协会品牌展览会。

【2010中国（上海）国际建材及室内装饰展览会、2010上海国际建筑节能及新型建材展览会】2010年8月17-20日，由世博集团上海现代国际展览有限公司主办的2010中国（上海）国际建材及室内装饰展览会、2010上海国际建筑节能及新型建材展览会在上海新国际博览中心举行。作为UFI的认证项目，其中的建筑节能及新型建材展是目前长三角地区乃至国内影响力最大的节能建材类展会。展览面积达3万多平方米，中外参展企业500余家，到会海内外专业观众23400人次。展览同期还举行了多场研讨会及主题沙龙，为展会增添了充实的内容和活跃的气氛，更深化了展会的内涵。

【中国国际老年人和残疾人康复护理技术及辅助器具展览会】2010年5月17-19日，第五届中国国际老年人和残疾人康复护理技术及辅助器具展览会在上海国际展览中心举行。展会以"理解·关爱·和谐生活"为主题，集专业性和国际性为一体。展览展出面积6000m^2，110家行业内有影响力的知名企业参展，其中海外参展商的参展面积占总展览面积的52%，主要来自德国、美国、英国、法国、荷兰、比利时、瑞典、新加坡、日本、中国台湾等11个国家和地区。为期三天的展览会共计接待了来自19个国家和地区的7378名专业观众。

【中国国际轨道交通展览会】2010年5月19日-5月21日，由中国国际工程咨询公司和上海国际展览中心有限公司主办的"第六届中国国际轨道交通展览会（Metro China 2010）"在上海新国际博览中心举行。本届展会展出面积18,000m^2，汇聚了来自德国、英国、美国、加拿大、法国、日本、韩国、西班牙、瑞士、意大利、瑞典、荷兰、比利时、新加坡、以色列、芬兰、马来西亚和中国大陆等22个国家和地区共计270家知名企业参展。其中，法国、德国、日本、韩国四大参展团包含了31家海外直接参展企业，专业观众6912人次。作为我国轨道交通领域权威的专业展览会，展会得到了国家发展和改革委员会基础产业司、国家住房和城乡建设部城市建设司、中国土木工程学会的大力支持。在我国大力发展城市轨道交通、铁路线建设的迅猛时期，展会为产业链上的各大企业提供了专业的贸易交流平台。同时，展会积极关注当下轨道交通发展的最新热点和难点，引起了专业领域的专家学者及社会大众的广泛关注。

【第四届中国国际隧道与地下工程技术展览会】2010年5月19日-5月21日，由中国土木工程学会隧道及地下工程分会和上海国际展览中心有限公司共同主办的第四届中国国际隧道与地下工程技术展览会在上海新国际博览中心举行。展会展出面积18000m^2，标准展位760个，来自22个国家和地区中外参展企业共270余家，吸引了来自33个国家和地区的6912位专业观众前来参观。

【第九届中国（上海）国际乐器展览会】2010年10月12日–15日，由中国乐器协会、上海国际展览中心有限公司及法兰克福展览（香港）有限公司共同主办的中国（上海）国际乐器展在上海新国际博览中心举行。作为亚洲规模最大、最具影响力的专业性乐器展览会，此次展会共有来自27个国家和地区的1274家企业参展，展出面积达70000m^2。为期四天的展会共吸引了96个国家和地区的48047名海内外观众，其中海外观众的数量较去年增幅达43%。展览会同期还举办了各类音乐文化主题活动，包括NAMM大学课程、琴行论坛、华乐国际论坛、数字音乐体验秀、现场演奏会等。展会得到了业内的广泛好评和肯定，被相继授予"中国轻工行业十大品牌展会"、"上海市品牌展览会"等荣誉称号。

【2010上海国际专业灯光音响展览会】2010年10月12日–10月15日，由上海国际展览中心有限公司和法兰克福展览（香港）有限公司主办的第八届上海国际专业灯光音响展览会在上海浦东新国际博览中心举行。展会展览面积23000m^2，参展企业403家，其中国内企业363家，海外企业40家，观众15200人次。参展商数量比去年增长17.4%，观众数量增长11%，展商和观众人数皆创下历史新高，证明了展会在亚洲音响、灯光及娱乐技术领域中的重要地位。

2.3 展示工程企业

一、展示工程专业委员会组织机构

为了提高上海展示工程企业的专业技术水平和服务质量、营造规范有序的竞争环境，在市政府有关部门的支持下，上海市会展行业协会展示工程专业委员会于2006年11月15日协会第二届第二次理事大会上正式成立。专业委员会主要致力于推动行业进步与发展，加强行业自律，为上海的展示工程企业构筑一个协调沟通和共谋发展的平台，进而推动上海会展业的整体发展水平。

展示工程专业委员会（排名不分先后）

主任：	
张定国	上海现代国际展览有限公司总经理
执行副主任：	

续表

孔繁良	上海市会展行业协会副秘书长

副主任：

丁　凯	上海励展展览设计工程有限公司总经理
周达仁	上海协合广告装潢有限公司总经理
孙志俊	上海兴华旅展览有限公司总经理
吴国平	上海东毅展览服务有限公司总经理
朱子允	上海新思维传播策划有限公司总经理
张　钧	上海汉图展览有限公司总经理
陈秀珠	上海笔克展览服务有限公司董事长
巢景辉	上海司马展览建造有限公司总经理
张　敏	上海大学影视学院副院长
许传宏	上海工程技术大学艺术设计学院副院长

二、企业资质等级情况

目前，协会会员单位中主要从事展会展台设计、搭建的企业有250多家。为积极稳妥地推进展示工程企业的规范发展，协会于2007年10月起开展了上海展示工程企业资质等级评定工作。目前，我们对资质等级评定已满三年的企业进行了复评，现我协会展示工程资质企业共78家。

展示工程企业资质评定主要是对展示工程企业设计、施工能力、质量和信誉的认定，是企业参与投标、承揽业务的重要依据，旨在进一步提高上海展示工程企业的水平，加强行业自律规范建设，营造有序的市场环境，也是落实行业规范发展的一项重要举措。

上海展示工程企业一级资质企业（排名不分先后）

上海现代国际展览有限公司	上海乃村装饰工艺有限公司
上海笔克展览服务有限公司	上海外经贸商务展览有限公司
上海美术设计公司	上海形家广告设计有限公司
上海兴华旅展览有限公司	上海汇展广告装饰有限公司
上海东毅展览服务有限公司	安宝示展览展示工程（上海）有限公司
上海协合广告装潢有限公司	上海龙展装饰工程有限公司
上海佳世展览有限公司	上海润发展览服务有限公司
上海中展展览服务有限公司	上海寅午装饰工程有限公司

续表

上海励展展览设计工程有限公司	上海亿品展览服务有限公司
上海新思维传播策划有限公司	上海点意空间展览展示服务有限公司
上海汉图装饰有限公司	瑞德尔篷房制造（上海）有限公司
金明展示工程（上海）有限公司	上海和煦展览服务有限公司
上海凡高展览策划有限公司	上海风语筑展览有限公司

上海展示工程企业二级资质企业（排名不分先后）

上海创信展示广告设计制作有限公司	上海南都展览服务有限公司
上海川吉展览安装有限公司	上海艾肯展览有限公司
上海里扬展览服务有限公司	上海李如会展原创设计工作室有限公司
上海华视展览设计技术服务有限公司	上海尤择星展览服务有限公司
上海亿跃会展有限公司	上海市帝盟展览服务有限公司
上海市亚太广告公司	名唐展览服务（上海）有限公司
上海睿资会展服务有限公司	上海爱迪盛展览展示服务有限公司
上海拓展会展服务有限公司	上海波特曼装饰设计工程有限公司
上海宝展展览服务有限公司	上海电气广告有限公司
上海弥原展览服务有限公司	上海信威展览服务有限公司
上海雅诗展览工程有限公司	上海诗怡展示设计服务有限公司
美冀腾展览服务（上海）有限公司	上海 百广奘广告有限公司
上海日恒展览服务有限公司	上海慧翼展示展览服务有限公司
上海盛事会展服务有限公司	上海万石展览服务有限公司

上海展示工程企业三级资质企业（排名不分先后）

上海泛海展示服务有限公司	上海恒宇广告有限公司
上海恩威会展策划有限公司	上海全艺艺术装饰有限公司
上海第一视觉创意有限公司	上海艺阁盛装饰工程设计咨询有限公司
上海雅昱展览展示有限公司	上海楠昌美术设计制作有限公司
上海中盈展览服务有限公司	上海司晨展示有限公司
上海捷恩斯企业形象策划有限公司	上海标展展示服务有限公司
上海中昊展览策划服务有限公司	上海汉憬展览工程有限公司
上海品邦广告有限公司	上海锦锋展览服务有限公司
上海汉申展览服务有限公司	上海德天数码展示设备有限公司

续表

上海伊洛展览策划有限公司	上海赛诺贝斯会易市场营销服务有限公司
上海美克展览服务有限公司	上海海华展览展示工程有限公司
上海荣济展览有限公司	上海德展展览展示服务有限公司

三、展示工程企业参加创意设计活动情况

为了更好谋划上海"十二五"期间的会展业创新发展，协会在 2010 年 8 月中旬启动了上海会展业创意设计系列评选活动。共有 38 家展示工程企业上报了共 120 幅作品。经由同济大学和上海工程技术大学的教授、行业专家组成的专家评审组评审，上海现代国际展览有限公司等 5 家企业荣获"首届上海会展创意设计品牌企业"，上海美术设计有限公司等 16 家企业荣获"首届上海会展创意设计优秀企业"；获得"首届上海会展创意设计优秀作品"共 63 幅；共有 20 位个人，33 个团队荣获"首届上海会展创意设计优秀个人（团队）奖"。（获奖名单见附录 7）

2.4 场馆建设与运营

2010 年末，上海拥有的主要展览场馆共 11 个，总展览面积为 34.82 万 m^2。其中，单位面积超过 10 万 m^2 的展馆 1 个，3 – 10 万 m^2 的展馆有 3 个，1 – 3 万 m^2 的展馆有 3 个，新增上海世博展览馆（世博主题馆）为 8.1 万 m^2。

至 2010 年底上海主要展览场馆规模表

场馆名称	分馆	分馆面积（m^2）	总面积（m^2）
新国际博览中心	11 个分馆	11500	126500
光大展览中心	西一	7700	31400
	西二	8100	
	西三	8100	
	东一	7500	
世贸商城	一	6200	21800
	三	5400	
	四	8200	
	七	2000	

续表

场馆名称	分馆	分馆面积（m²）	总面积（m²）
国际展览中心	一	6000	12000
	二	6000	
汽车会展中心	南	12000	30000
	北	12000	
	其他	6000	
展览中心	中央	5424	21743
	东一	6528	
	西一	7246	
	西二	2545	
	广场	15000	
上海世博展览馆	1	25000	81000
	2	17000	
	3	17000	
	4	12000	
	5	10000	
东亚展览馆		4500	4500
浦东展览馆		9000	9000
农业展览馆		7600	7600
上海国际会议中心			2726
		合计：	348269

2010年十大场馆承接展览会项目数量、面积情况表

	数量（个）			面积（万m²）		
		其中			其中	
		国际	国内		国际	国内
上海新国际博览中心	70	70	0	427.7	427.7	0
上海光大会展中心	172	58	114	158.94	61.05	97.89
上海展览中心	57	25	32	53.3753	28.2024	25.1729
上海国际展览中心	49	38	11	37.2	30.6	6.6

续表

	数量（个）			面积（万 m²）		
		其中			其中	
		国际	国内		国际	国内
上海世贸商城	52	20	32	46.24	21.76	24.48
上海国际会议中心	9	7	2	1.9984	1.5832	0.4152
东亚展览馆	32	2	30	15.6	1.3	14.3
浦东展览馆	13	6	7	7.88	3.04	4.84
上海汽车会展中心	5	1	4	7	1	6
上海农展馆	21	0	21	9.91	0	9.91
合计：	480	227	253	765.844	576.236	189.608

2.5 诚信建设

"上海市'企业诚信创建'活动"是在中共上海市委宣传部、市文明办、市网宣办、市经信委、市商务委、市建交委、市农委、市卫生局、市工商局、市质监局、市旅游局、市食药监局、市社团局等 13 个部门指导下，为进一步推进上海社会诚信体系建设、进一步优化上海经济社会发展软环境而开展的一项常设诚信建设活动。通过市组委会推进、行业协会落实管理、企业自律、社会监督构建起的机制化、立体化的此项活动，依照企业自愿申报和协会推荐相结合、第三方数据和公众评议、信誉公示、动态检查相结合等，构建起的一整套企业诚信建设长效管理机制，使参与企业的行为始终处于社会监督的受控状态。

诚信是企业的立身之本，因此，行业诚信管理势在必行。企业参与创建是实现行业诚信管理的基本要求，也是企业生存发展的必然条件。随着全市创建活动的深入，势必将形成一定的社会共识，参加与否对企业的生存和发展将起到重要的影响。

上海市"企业诚信创建"活动自 2008 年启动至今，通过不断探索，已经覆盖全市范围内逾 140 家行业协会的将近 5000 家企业。上海市会展行业协会积极参与，全面贯彻执行。同年 3 月，会展行业的"诚信创建"办公室在我协会正式成立，协会办公室积极配合组委会对本行业"诚信创建"活动进行指导、协调和宣传工作。截止到 2010 年底为止，行业内已经拥有近 80 家企业参与"创建"。这部分企业受益于诚信,积累了良好的社会信誉,为企业的发展打下了良好基础。

截至 2010 年底,协会已有如下企业分别获得"企业诚信创建"活动的各项荣誉称号:

二星级企业 3 家:
- 上海国际展览中心有限公司
- 上海协升展览有限公司
- 上海美术设计有限公司

一星级企业 8 家:
- 上海商展办展览有限公司
- 上海展览中心(集团)有限公司
- 上海现代国际展览有限公司
- 上海新思维传播策划有限公司
- 上海川吉展览安装有限公司
- 上海和煦展览服务有限公司
- 上海百文会展有限公司
- 上海中旅国际旅行社有限公司

诚信企业 20 家:
- 上海励展展览设计工程有限公司
- 上海泛海展示服务有限公司
- 金明展示工程(上海)有限公司
- 上海对外科学技术交流中心
- 上海佳士广告有限公司
- 上海形家广告设计有限公司
- 上海雅昱展览展示有限公司
- 上海汉海展览咨询有限公司
- 上海秋阳展览服务有限公司
- 安宝示展览展示工程(上海)有限公司
- 上海润发展览服务有限公司
- 上海华凯展览展示工程有限公司
- 建同会展服务(上海)有限公司
- 上海创信展示广告设计制作有限公司

- 东方国际集团上海市对外贸易有限公司
- 上海康秀展览服务有限公司
- 上海市国际展览有限公司
- 上海会文会展服务有限公司
- 上海妙文会展服务有限公司
- 上海同济育才会务有限公司

诚信创建企业 42家：

- 上海汽车地毯总厂经营部
- 上海外经贸商务展览有限公司
- 上海五角世贸商城有限公司
- 上海科技馆管理有限公司
- 上海市亚太广告公司
- 中新会展（上海）有限公司
- 上海工业商务展览有限公司
- 上海汉图装饰有限公司
- 瑞德尔篷房制造（上海）有限公司
- 上海兰凯会展服务有限公司
- 上海南奇展览服务有限公司
- 科隆展览（北京）有限公司上海分公司
- 上海万耀企龙展览有限公司
- 上海申仕展览服务有限公司
- 北京盛世永信展览展示有限公司上海分公司
- 上海凡高展览策划有限公司
- 上海摩奇营销咨询有限公司
- 上海旭创展览用品租赁有限公司
- 上海安普特物流有限公司
- 上海恩威会展策划有限公司
- 上海逸展展览服务有限公司
- 上海兴华旅展览有限公司
- 上海矩阵会务服务有限公司
- 上海精涛文化会展有限公司
- 上海译智展览服务有限公司
- 上海慕蔚展览展示设计工程有限公司

- 美翼腾展览服务（上海）有限公司
- 中国外运华东有限公司会展物流分公司
- 上海新国际博览中心有限公司
- 上海飞迩展览策划有限公司
- 上海悦图展览工程有限公司
- 上海海华展览展示工程有限公司
- 上海伟佳展览服务有限公司
- 上海恒宇广告有限公司
- 上海德天数码展示设备有限公司
- 上海民航置业有限公司浦东华美达大酒店
- 上海华毅东方展览服务有限公司
- 上海万石展览服务有限公司
- 上海鹏璨展示服务有限公司
- 上海华港展览服务有限公司
- 上海科技会展有限公司
- 上海全艺艺术装饰有限公司

2.6 教育、培训、认证

2010年上海世博会的举办，使上海成为21世纪亚太地区的重要会展中心之一。会展业的快速发展对会展从业人员提出了更高的素质要求，为上海会展培训教育带来了机遇和挑战。

一、会展教育

在会展教育方面，目前40所学校的专业设置主要有两大门类：一是会展管理及营销类专业，二是会展艺术设计类专业。在校学生5800余名，其中，大学本科类学校9所，在校学生1871名（见下表）；

上海会展学生调查汇总表1（本科）

编号	院校名称	开设时间	毕业学生					在读学生				
			届数	08届	09届	10届	总数	07级	08级	09级	10级	总数
1	上海对外贸易学院	2004	3	55	72	78	205	78	79	69	69	295
2	上海工程技术大学	2004	3	60	60	45	165	70	70	41	45	226
3	上海师范大学	2004	3	73	81	78	232	79	82	80	84	325

续表

编号	院校名称	开设时间	毕业学生					在读学生				
			届数	08届	09届	10届	总数	07级	08级	09级	10级	总数
4	东华大学	2007	0					35	35	35	35	140
5	上海大学	2005	2		36	36	72	30	28	35	51	144
6	第二工业大学	2004	1			47	47	78	80	80	76	314
7	上海应用技术学院	2004	3	25	23	81	129	80	45	41	41	207
8	复旦大学上海视觉艺术学院	2005	2		25	57	82	60	35	38	25	158
9	华东师范大学	2009	0							20	42	62
	合计		17	213	297	422	932	510	454	439	468	1871

高职和大专类学校20所，在校学生3296名，以民办学校为主，主要培养对象为会展企业管理及技术设计人才（见下表）；

上海会展学生调查汇总表2（高职/大专）

编号	院校名称	开设时间	毕业学生						在读学生				
			届数	06届	07届	08届	09届	10届	总数	08级	09级	10级	总数
1	上海工艺美术职业学院	2004	4		120	90	120	150	480	120	90	120	330
2	上海农林职业技术学院	2003	4		40	20	45	48	153	95	72	73	240
3	上海商学院	2003	5	98	35	38	40	39	250	35			35
4	上海出版印刷高等专科学校	2003	5	75	50	29	62	78	294	79	80	70	229
5	上海建桥学院	2003	5	250	250	100	87	97	784	84	86	98	268
6	上海工商外国语职业学院	2003	5	68	70	150	169	78	535	106	58	81	245
7	上海新侨职业技术学院	2003	5	29	24	37	31	30	151	32	70	40	142

续表

编号	院校名称	开设时间	毕业学生 届数	06届	07届	08届	09届	10届	总数	在读学生 08级	09级	10级	总数
8	上海电视大学	2003	5	500	200	200	210	210	1320	80			80
9	上海市春申旅游进修学校	2003	4	27	27	27	42	23	146	56			56
10	上海行健职业学院	2004	4		40	72	55	30	197	35	43	45	123
11	上海托普信息技术学院	2004	4		118	95	109	120	442	63			63
12	思博职业技术学院	2004	4		28	42	42	35	147	19	28	21	68
13	中侨职业技术学院	2004	4		207	157	80	85	529	94			94
14	第二工业大学	2004	4		65	48	65	65	243	65	65	57	187
15	上海工会管理职业学院	2005	3			107	147	126	380	110	87	63	260
16	上海电子信息职业学院	2005	3			159	124	124	407	71	72	85	228
17	上海立达职业技术学院	2006	2				54	70	124	67	36	22	125
18	上海民远职业技术学院	2006	2				35	35	70	35	36	24	95
19	上海师范大学	2008	0							73	80	97	250
20	上海应用技术学院	2007	1					48	48		81	97	178
	合计		73	1047	1274	1371	1517	1491	6700	1319	984	993	3296

中专11所，在校学生663名，主要培养会展实际操作性人才（见下表）。
上海会展学生调查汇总表3（中专）

编号	院校名称	开设时间	届数	毕业学生								在读学生				
				03届	04届	05届	06届	07届	08届	09届	10届	总数	07级	08级	09级	10级	总数
1	曹阳职校	2000	6	40	40	80	85	50	59	88	90	532		26	26	20	72
2	徐汇职业高级中学	2003	5			52	33	25	29	20	159		23	29	17	69
3	上海市春申旅游学校	2003	5			25	25	30	29	30	139			20		20
4	上海市商贸旅游学校	2004	4				50	53	30	28	161		30	30	30	90
5	上海市经济管理学校	2005	2						57	64	121	41	36	20		97
6	上海市现代职业技术校	2004	4				34	34	25	26	119		25	20	20	65
7	上海工商信息学校	2006	2						40	39	79		31			31
8	中华新侨中专学校	2006	2						22	23	45		22	18		40
9	上海九洲现代艺术职业技术学校	2006	2						103	99	202		90			90
10	上海东辉职业学校	2007	1							33	33		26			26
11	市北职业高级中学	2005	3					30	40	31	101		23	16	24	63
	合计		36	40	40	80	162	192	231	463	483	1691	41	352	159	111	663

二、会展培训

会展行业的学历教育和业内培训不仅限于会展专业知识的培训，结合会展行业各领域不同需求，增设劳资法规、企业信用管理、场馆安全、会展税收、礼仪接待等一系列专题培训。通过对会展企业管理和展示工程以及场馆等工作人员的强化培训和继续教育，使行业整体队伍素质有了进一步的提高。

三、人才认证

从2005年起，经上海市人事局批准，由上海市职业能力考试院、上海世博人才发展中心、上海市会展行业协会联合组织《上海市会展管理专业技术水平认定》工作，并由华东师范大学与上海市会展行业协会联合组办华东师范大学上海会展学院。目前，经过专业教育培训，已有 500 多名会展人士获得专业职称，其中有 122 名会展人士获得了中（助理）级职称，66 名会展人士获得了高级职称。第三批高级职称的考核工作也已于 2010 年正式启动，该项专业职称的认证考核工作受到业内人士广泛的参与和肯定，同时得到了长三角各会展城市从业人员的青睐。

2.7 国际展览会评估

随着上海会展业进入了全面质量提升阶段，在沪举办的国际展览会的规模、层次和影响力持续上升，上海的国际展览会市场呈现出国际化、品牌化、市场化和专业化的特点。为了推动上海会展企业进一步发展，促进上海国际展览会向品牌化方向发展，上海启动了对国际展览会进行评估选优工作。

为体现客观、公平、公正的原则，在市商务委的直接指导下，上海市国际展览会评审委员会、专家组、评审工作组等相继成立，并聘请了社会第三方评估机构进入各展会进行现场调查、数据核实、综合资料的整理汇总。2005 年起，对在上海举办的 29 个不同类型、不同规模的国际展览会项目进行了预测评估。2006 年 3 月起，又对上海地区近 150 项展会进行了信息采集、资料汇集工作。2007 年 4 月开始，正式对在上海举办的国际展览项目进行评估。

根据评估标准和实施细则，经过专家评议，评审委员会审定，截至 2010 年底上海市国际展览项目已评出"上海市国际展览会品牌展"项目 23 个，"上海市国际展览会优秀展"项目 39 个：

"品牌展"项目（排名不分先后）
- 中国国际工业博览会
- 中国华东进出口商品交易会
- 中国国际家具展览会
- 上海国际汽车工业展览会
- 中国国际建筑贸易博览会
- 中国（上海）国际乐器展览会
- 中国国际塑料橡胶工业展览会
- 中国国际纺织面料及辅料博览会
- 中国国际海事技术学术会议和展览会

- 中国国际模具技术和设备展览会
- 中国国际自行车展览会
- 中国国际工程机械、建材机械、工程车辆及设备博览会
- 世界制药原料中国展
- 中国国际美容化妆洗涤用品博览会
- 中国国际地面材料及铺装技术展览会
- 中国国际印刷技术及设备器材展
- 上海国际纺织工业博览会
- 上海国际广告技术设备展览会
- 中国国际家用纺织品及辅料展览会
- 中国国际食品和饮料展览会
- 中国国际玻璃工业技术展览会
- 中国国际电子电路展览会
- 北京·埃森焊接与切割展览会

"优秀展"项目（排名不分先后）

- 国际半导体设备、材料、制造和服务展览暨研讨会
- 亚洲宠物与水族产业商务大会
- 中国（上海）国际游艇展
- 中国国际电子生产设备暨微电子工业展览会
- 亚洲打印耗材展
- 上海国际电力设备及技术展览会
- 中国国际电子元器件、组件、光电技术博览会
- 中国国际分析、生化技术、诊断和实验室技术博览会
- 中国（上海）国际粉体工业、散装技术展览会
- 亚洲非开挖技术展览会暨研讨会
- 国际工业自动化与控制技术展览会
- 上海社会公共安全产品国际博览会
- 中国国际焙烤展览会
- 中国国际环保、能源和资源综合利用博览会
- 假日楼市—上海房地产展示会
- 上海国际酒店用品博览会
- 中国国际建筑装饰展览会
- 国际集成电路研讨会暨展览会

- 中国国际加工、包装及印刷科技展览会
- 上海国际机床展
- 世界客车博览亚洲展览会
- 中国（上海）国际跨国采购大会
- 中国国际铝工业展览会
- 中国国际皮革展览会
- 上海国际汽车零部件、维修检测诊断设备及服务用品展览会
- 中国国际染料工业暨有机颜料、纺织化学品展览会
- 中国国际食品添加剂和配料展览会
- 中国（上海）国际影像和摄影器材展览会
- 中国上海国际隧道与地下空间展览会
- 中国国际数码互动娱乐产品及技术应用展览会
- 上海设计双年展
- 中国国际甜食、休闲食品展览会
- 中国国际玩具、模型及婴儿用品展览会
- 中国国际物流、交通运输及远程信息处理博览会
- 上海国际消防保安技术设备展览会
- 中国国际信息通信展览会
- 中国国际线缆及线材展览会
- 上海国际珠宝首饰展览会
- 上海国际清洁技术与设备博览会暨上海国际室内环境技术与产品博览会

以上展会作为上海国际展览项目的代表作，为上海展览业的健康发展和上海国际展览会项目的品牌建设做出了积极的贡献。

2.8 会展创意建设

2010年2月10日，联合国教科文组织正式批准上海加入"创意城市网络"，并授予上海"设计之都"称号。创意作为会展业的灵魂，无论是主承办企业或展示工程企业，都离不开创意创新。业内企业期望集聚会展创意智慧，共同推进会展创意产业的发展，提升会展业的综合竞争力，增强会展产业创意创新对社会和经济的联动效益。

2010年8月，上海市会展行业协会启动了上海会展业创意设计系列评选

活动，组织专家组对 38 家展示工程企业上报的共 120 幅作品进行了专业评审。上海现代国际展览有限公司等 5 家企业荣获"首届上海会展创意设计品牌企业"，上海美术设计有限公司等 16 家企业荣获"首届上海会展创意设计优秀企业"；获得"首届上海会展创意设计优秀作品"共 63 幅；共有 20 位个人、33 个团队荣获"首届上海会展创意设计优秀个人（团队）奖"。

世博会作为创意创新的盛会，为上海会展展示工程企业提供了一个实践的舞台。依托新科技、新工艺和新材料，企业以大胆创新的思想理念在展示、活动和运营各方面突破了传统形式，创造了一批创意性的成果，得到了观众的肯定和政府的表彰。

3 2010年上海会展业世博实践

3.1 世博会概况

2010年上海世博会的成功举办,加快了长三角会展城市的发展步伐,促进了区域会展经济的腾飞,构建了长三角会展业交流合作的平台。

上海世博会184天内,总共举办了22925场精彩纷呈的活动,园区33块场地各类展览活动展出面积达180多万 m^2,空前的活动规模造就了世博会舞台的盛况。246个参展方中,来自176个国家、13个国际组织、36个城市和4个企业的1200余支团队上演了1172个节目,参与主体广泛,刷新了世博会历史纪录。7300万人次的游客中,观看各类文化演艺活动的观众累计超过了3400万,近50%的游客至少观看了1次活动,活动影响深远,受到了社会各界好评。另外,世博期间,全世界各领域的专家和学者围绕"城市,让生活更美好"这个"和谐城市"的主题和"城市多元文化的融合"、"城市经济的繁荣"、"城市科技的创新"、"城市社区的重塑"、"城市和乡村的互动"等副主题召开了数十个高层次、专业性的会议和研讨论坛,对全球城市经济、科技、环境等发展具有十分深远的意义。

3.2 上海会展业参与世博会情况

1. 会展企业积极参与世博现场服务工作

从2009年起,上海市会展行业协会积极推动会展企业参与筹博,组织展示工程企业参与世博竞标。36家展示工程企业获得了2010上海世博会服务供应商和受援国服务供应商的资格,承接了99个国家馆、21个省市区馆、44个企业综合馆的深化设计、布展搭建和运营工作,承办了26场大型活动的组织和服务工作。业内近三千名企业职工奋战在世博第一线,以奉献、忘我的精神为世博的成功举办交出了圆满的答卷。

2. 世博期间保障展会顺利进行

按照大型活动安全管理意见，市政府计划在世博期间停办各类大型活动。上海市会展行业协会经过认真调研，经以官方报告和新闻媒体内参等不同渠道，向有关政府部门反映展会是一项国际性的商务活动，一旦签约具有法律效应；如果停办，不仅将造成企业的经济损失，还将涉及到国际纠纷和赔偿，影响我国对外的整体形象。同时还制定了在世博期间对规模以上展会的安全措施和特别管理办法。协会的建议得到了市政府有关部门的采纳，既维护了世博期间的安全，又保障了上海会展活动的正常进行。

3. 协会认真开展安全保障工作

为确保世博会期间园区内外各展会的安全举办，应市商务委的要求，上海市会展行业协会及时下发了《关于做好世博期间上海会展业服务与安全保障工作的通知》，部署世博期间本市展会的安保工作，要求各办展企业制定严密的展会安保方案和应急预案。协会党委也根据市社会工作党委有关世博安保和维稳工作的指示精神，及时与下属各支部及会展企业签订了《中国2010年上海世博会反恐怖工作责任书》。世博期间，协会领导带队对各展馆的安保工作进行了不定期抽查，各企业也认真地履行了自己的职责，确保了世博期间园区外展会零事故的佳绩。

4. 协会做好世博组织服务工作

（1）协会积极参与世博会正式运营前的综合演练工作，在市旅游局的支持下，于2010年4月25日组织了来自长三角地区、北京、青岛、太原以及会员企业的代表共5009人入园参观。

（2）协会秘书处在世博局的支持下，为全国各地区的业内同行以及境外合作伙伴参观世博园区进行了大量的联络服务和接待工作。

（3）世博会期间所举办的200多个展会的承办者组织了近400多万人次的展商、专业观众参观了世博会，还促成了多向交流合作的意向。例如，上海协升展览有限公司在组织展商参观了丹麦馆后，与丹麦领事馆达成了在2011年自行车展会上设立丹麦自行车专区的意向。

5. 会员企业参与世博获奖情况

上海世博会是展示设计的饕餮盛宴，它为本市一批展示工程企业提供了宽广的舞台。依托新科技、新工艺和新理念，企业在展示、活动和运营上突破了传统形式，为世博会做出了贡献。他们的工作得到了组办方的肯定和政府的表彰，荣获奖项如下：

上海现代国际展览有限公司参与服务的城市最佳实践区获得了国际展览局银奖；上海创信展示广告设计制作有限公司参与服务的印度尼西亚馆获得了A类创意展示铜奖；上海汉图装饰有限公司参与服务的佛得角馆获得了D类主题演绎铜奖；上海乃村装饰工艺有限公司参与服务的太平洋联合馆获得了D类创意展示金奖；上海龙展装饰工程有限公司参与服务的世界气象馆则获得了上海世博会评委会特别奖。

上海市会展行业协会在筹博和办博的过程中，积极投入参与政府开展的各项工作，得到上海市委、市政府相关部门的高度肯定和赞扬，被上海市社会工作党委授予了"服务世博贡献奖"。同时，上海龙展装饰工程有限公司等4家两新组织以及孙峰等14名非公企业代表受到上海市社会工作党委表彰（详见附录8）。

此外，上海市会展行业协会组织上海复旦大学、上海交通大学、上海大学三所高校教授和行业专家组成专家评审组进行评审，向服务世博的上海笔克展览服务有限公司等12家会员企业授予"服务世博成就奖"，向上海会展有限公司等19家会员企业授予"服务世博贡献奖"（详见附录8）。

3.3 世博会对上海会展业的启示

1. 创新是推动会展业发展的关键

世博会在进行贸易与技术展示的同时，更重视的是其背后相关理念和文化的展示及交流，从而丰富了各类活动的形式，深化了各类活动的内涵。在各项展示设计作品中，使用了多种新媒体和新技术，将单纯的实物展示形式向多媒体与实物展示相结合的形式转换。因此，观众不仅能够得到亲身体验，还能形成双向的互动交流。世博会中新理念、新媒体、新工艺的产生和运用，为上海会展业提供了宝贵经验，推动了上海会展业的创新发展。

2. 会展人才和会展设施是建设国际会展中心城市的重要因素

硬件设施的保障和软件服务的完善是世博会成功举办的重要因素之一，也是上海会展业未来发展必须突破的瓶颈。在未来5年中上海要实现1500万平方米的展出面积，必须加快建设大型展馆，如虹桥商务区规划的50万m^2的国家会展中心项目。在解决上海大型场馆匮乏的同时，高端会展业人才的培养和认证、行业标准的制定和管理也必须同步加强。三者同行才能为上海会展业的提升和发展提供一个良好的基础保证。

3. 进一步加深了对"大会展"概念的理解

作为世界经济、科技、文化的奥林匹克盛会，世博会是一个集各类展览、会议和大型活动的综合博览会。176个国家、13个国际组织、36个城市和4个企业就"城市，让生活更美好"的主题演绎，在184天的展出期间，将各类活动在展示中相互联系、相互补充，形成一系列精彩纷呈又各具特色的创新主题秀，使观众从不同的角度感受到世博的魅力和世博的影响。同时，世博会也提升了上海及长三角地区展览、会议、节事活动、奖励旅游的吸引力和影响力，带动了长三角各会展城市的联动、建立了合作、互动、共赢的新模式。世博会开拓了人们的视野、带动了会展人对主题会展的思考，创造了各类型的展览、会议和活动，进而使会展人对"大会展"的概念有了更进一步的认识。上海会展业只有在"大会展"的基础上，才能健康发展，蓬勃向上。

3.4 世博会观众满意度的调查

第41届世界博览会是由中国举办的首届世界博览会。在184天里190个国家、56个国际组织以及中外企业踊跃参展，200多万志愿者无私奉献，7308万参观者流连忘返，从而将以最为广泛的参与度载入世博会的史册。世博会涉及到政府、企业、公众等多方的参与，上海世博会的成功在很大程度上取决于观众的关注和参与程度。随着主体意识的提升，观众要求提高上海世博会的服务质量、服务效率和服务能力等，期望获得更好的服务。因此，从观众的角度对上海世博会的服务水平进行评价应该是最具有说服力的。为了能够及时、准确地了解观众的需求，找出上海世博会的不足之处，进一步提高服务质量，就需要建立科学、全面、系统的观众满意度评价体系，对上海世博会观众的满意度进行量化研究，才能了解观众真正的服务需求，从而最终达到"观众本位"的管理与服务目标。

一、问卷设计

本研究用问卷调查法收集数据。调查问卷采用书面形式，由上海世博会观众匿名填写。问卷主要分为两个部分：第一部分为个人基本资料，包括性别、年龄、受教育程度、月收入等，是评估上海世博会观众群体特征、考查数据代表性的重要参数。这些资料有助于数据的基本统计分析，有助于实证研究不同观众群体对上海世博会现场服务的看法；第二部分为问卷主体，主要根据上海世博会现场服务所包含的内容以及现有研究成果进行设计。

1. 建立原则

（1）以观众为主。以观众的需求为主来确定评价指标体系是设定指标体系的最基本要求。选择的指标是观众认为最为关键的评价指标。

（2）全面性。评价指标是用来测量观众满意度指数模型的潜变量的，如果不全面，就不能准确反映观众的满意状况，也就无法全面分析改进或提高服务质量的措施。

（3）代表性。影响观众满意度的因素很多，实际上不可能选取得到全部因素的测量指标。代表性原则要求，只要保证某些指标能够代表某一方面即可。

（4）可控制性。观众满意度评价会使观众产生新的期望，促使主办方采取改进措施。但主办方如果无条件或无能力采取行动加以改进，则应暂不采用这方面的评价指标。

（5）可测量性。观众满意度评价的结果是一个量化的值，因此设定的评价指标必须是可以进行统计、计算和分析的。

（6）独立性。评价指标之间应该是独立的，能反映系统中的某一方面或不同层次的服务。如果存在相关性，就会夸大或抵消某些指标的影响性，使观众满意度评价出现误差。

（7）可比性。是指观众满意度评价具有可比性，而且对每个评价对象都是公平的、可比的，不能包括一些明显倾向性的指标。

2. 评价指标

影响上海世博会观众满意度水平的因素是复杂多样的，上海世博会观众满意度的评价指标就具有相应的层次性、复杂性和综合性特征。因此，合理选择上海世博会观众满意度指标是影响综合评价结果的关键环节。要客观、真实、公正地评价观众满意度，就必须认真研究观众的需求结构，并根据观众需求结构构建全面反映观众满意程度的评价指标。通常可以采用观众问卷调查、征询专家意见或二者相结合的方式来选取和建立。上海世博会观众需求结构具有功能需求和外延需求的多层次特征，考虑影响上海世博会观众满意度水平的主要因素，确定观众满意度评价指标，主要包括5类因子：

（1）登记接待主要评价指标是登记过程示意图清晰、入场登记等候时间合理。观众最不愿意做的事就是排长队等候登记。在登记接待处设置登记过程示意图标明登记所需的步骤，对于缩短观众排队等候的时间会起到积极的作用。

（2）相关服务的评价指标：展馆设计新颖别致、活动内容精彩、赠品精美、工作人员衣着得体、态度亲切、能平等地对待所有观众、使观众获得所需的展品信息、能引发观众了解展品信息的兴趣。

（3）秩序良好，向导服务到位是评价秩序管理的指标。上海世博会服务现场的秩序保障和预防与处理事故，使观众在井然有序的环境中能够顺利获得所需的信息十分重要。

（4）安全管理的评价指标：紧急出口、消防器材安放点标示明显、安保人员着装规范，彬彬有礼、安保人员坚守岗位、安保措施得力。保证参展观众的人身财产安全，防患于未然是上海世博会现场服务必不可少的环节。

（5）环境管理评价指标：环境整洁、厕所环境整洁、观众休憩场所充足、餐饮服务质量。确保上海世博会现场环境整洁，让观众在整洁的环境中参观上海世博会，对于提升服务档次、质量有着不容忽视的作用。而充分考虑观众饮食和休憩的需求对于提升观众满意度，提高现场服务质量也起到一定的积极作用。

3. 评价指标体系

上海世博会观众满意度的评价指标体系应该能够独立反映观众满意度的某一具体方面的特征，并与观众满意度其他因素相联系。同时评价指标需要具备科学性、现实性、可比性和可量测性。据此，通过综合分析和考虑得到评价指标见表1。

表1 上海世博会观众满意度的评价指标体系

一级指标	二级指标	三级指标
上海世博会观众满意度 Q	登记接待 A_1	登记过程示意图清晰 B_1 入场登记等候时间合理 B_2
	相关服务 A_2	展馆设计新颖别致 B_3 相关活动内容精彩 B_4 赠品精美 B_5 工作人员衣着得体 B_6 工作人员态度亲切 B_7 工作人员能平等对待所有的观众 B_8 工作人员能使观众获得所需展品信息 B_9 工作人员能引发观众了解展品的兴趣 B_{10}
	秩序管理 A_3	秩序良好 B_{11} 向导服务到位 B_{12} 对特殊人群照顾周到 B_{13}
	安全管理 A_4	紧急出口、消防器材安放点标示明显 B_{14} 安保人员着装规范、彬彬有礼 B_{15} 安保人员坚守岗位 B_{16} 安保措施得力 B_{17}

续表

一级指标	二级指标	三级指标
	环境管理 A_5	环境整洁 B_{18} 厕所环境清洁 B_{19} 观众休憩场所空间充足 B_{20} 餐饮服务质量 B_{21} 交通便捷 B_{22} 餐饮、饮水点、厕所分布合理 B_{23} 防暑、降温工作得当 B_{24}

确定上海世博会观众满意度评价指标的评价等级标准，则由问卷调查结果的统计分析来确定评价等级。基于心理学的原理，对上海世博会观众的满意度划分为5个等级。即：V = {很满意、满意、一般、不满意、很不满意}（V为评价指标的评价等级标准），相应地对其赋值。各等级的分值见表2。

表2　评价指标的评价等级标准

评价等级	级别区间
一级（很满意）	[4.0, 4.5, 5.0]
二级（满意）	[3.0, 3.5, 4.0]
三级（一般）	[2.0, 2.5, 3.0]
四级（不满意）	[1.0, 1.5, 2.0]
五级（很不满意）	[0.0, 0.5, 1.0]

4. 调查问卷

（1）您对上海世博会现场服务质量的期望是：

□无所谓　　□比较低　　□一般　　□比较高　　□非常高

（2）您对上海世博会现场服务总体满意度是：

□非常不满意　□不满意　　□一般　　□比较满意　　□非常满意

（3）请说明上海世博会现场服务各相关要素对您的重要性及您对各要素的满意程度

评价内容	重要性					满意度				
登记过程示意图清晰	1	2	3	4	5	1	2	3	4	5
入场登记等候时间合理	1	2	3	4	5	1	2	3	4	5
展馆设计新颖别致	1	2	3	4	5	1	2	3	4	5

续表

评价内容	重要性					满意度				
展馆相关活动内容精彩	1	2	3	4	5	1	2	3	4	5
展馆赠品精美	1	2	3	4	5	1	2	3	4	5
展馆工作人员衣着得体	1	2	3	4	5	1	2	3	4	5
展馆工作人员态度亲切	1	2	3	4	5	1	2	3	4	5
展馆工作人员能平等对待所有的观众	1	2	3	4	5	1	2	3	4	5
展馆工作人员能使观众获得所需展品信息	1	2	3	4	5	1	2	3	4	5
展馆工作人员能引发观众了解展品的兴趣	1	2	3	4	5	1	2	3	4	5
展馆秩序良好	1	2	3	4	5	1	2	3	4	5
展馆向导服务到位	1	2	3	4	5	1	2	3	4	5
紧急出口、消防器材安放点标示明显	1	2	3	4	5	1	2	3	4	5
安保人员着装规范、彬彬有礼	1	2	3	4	5	1	2	3	4	5
安保人员坚守岗位	1	2	3	4	5	1	2	3	4	5
安保措施得力	1	2	3	4	5	1	2	3	4	5
展馆环境整洁	1	2	3	4	5	1	2	3	4	5
厕所环境清洁	1	2	3	4	5	1	2	3	4	5
观众休憩场所空间充足	1	2	3	4	5	1	2	3	4	5
餐饮服务质量	1	2	3	4	5	1	2	3	4	5
其他的服务质量	1	2	3	4	5	1	2	3	4	5

背景资料：

（1）您的性别：口男　　口女

（2）您的年龄：口25岁及以下　　口26-35岁　　口36-50岁　　口50岁及以上

（3）您是来自于：口海外（非港、澳、台）　　口港、澳、台　　口国内（非上海）　　口上海

（4）您的学历：口初中及以下　　口高中及中专　　口本科及大专　　口研究生及以上

(5) 您月收入的大致情况：□2000元及以下　□2001–4000元　□4001–6000元
□6001–8000元　□8001–10000元
□10000元以上

5. 样本选取与分析

本次调研是以上海世博会观众为对象，目的是了解上海世博会观众的构成情况以及他们对于上海世博会现场服务的满意度。以此能够更好的把握上海世博会观众的需求，重点了解上海世博会现场服务存在的问题和需要改进的地方。

调研由上海应用技术学院会展专业学生于2010年8月在上海世博会园区内进行现场问卷调查，调查范围为参观的观众并随机抽样，共发放调查问卷600份，回收550份，有效问卷500份，问卷回收率和有效率分别为91.7%和90.9%。调查样本的性别、年龄、来源、教育程度、月收入的人口统计学和社会属性统计如图1、2、3、4、5所示。

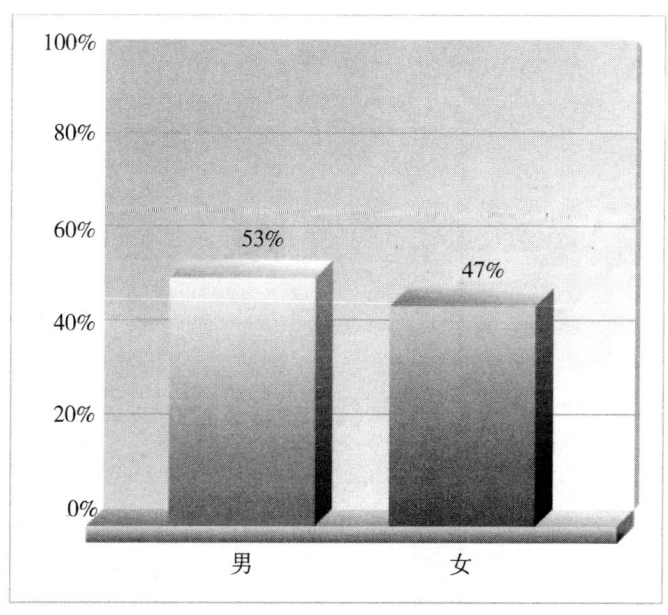

图1　上海世博会观众性别构成

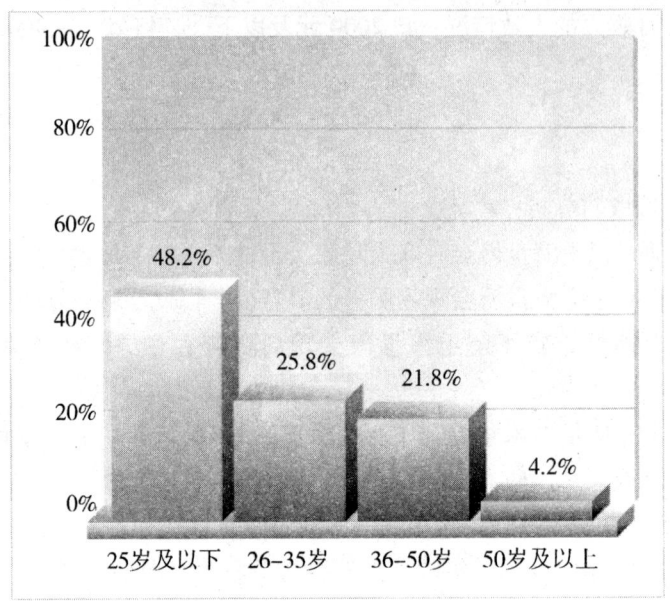

图 2　上海世博会观众年龄构成

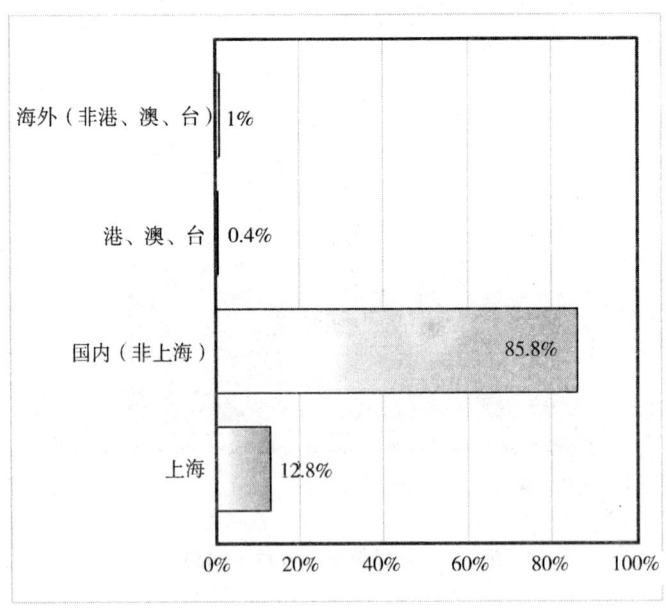

图 3　上海世博会观众来源构成

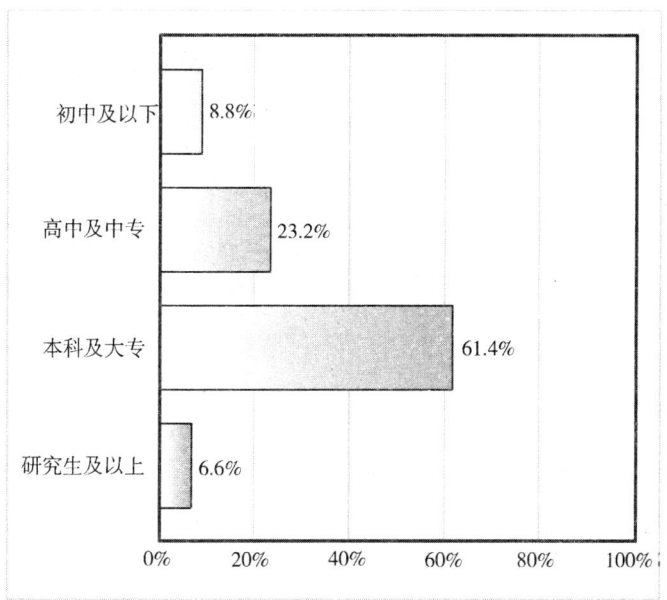

图 4 上海世博会观众教育程度构成

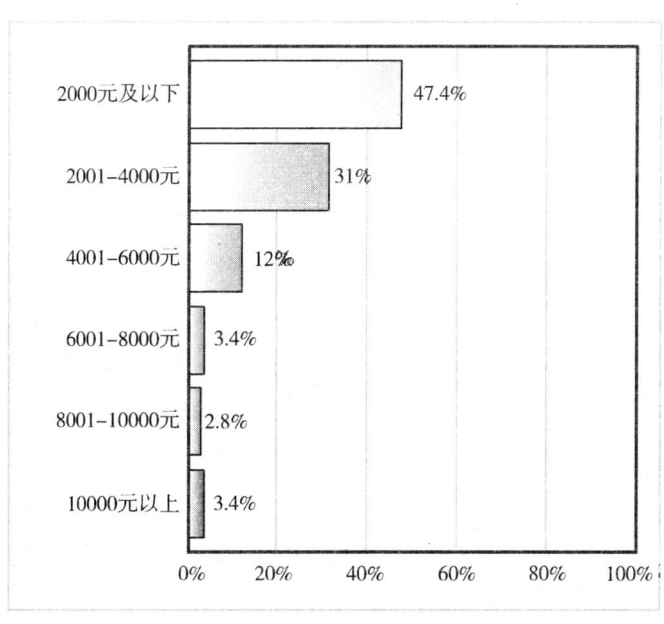

图 5 上海世博会观众月收入构成

(1) 观众性别

观众中男性占53%，女性占47%，男性观众明显多于女性观众。一方面是由于男性观众确实比女性观众多，另一方面是由于男性观众更愿意配合问卷调查。

(2) 观众年龄

观众的年龄大部分集中在25岁以下、26-35岁两个年龄阶段，比例分别为48.2%与25.8%，也就是说35岁以下的观众占大多数，占到总量的74%，说明上海世博会对中青年人具有较大的吸引力。

(3) 观众学历

本科及大专是观众的普遍学历，占61.4%，研究生及以上占6.6%；高中及以下学历所占的百分比相对较少，占32%。这一方面与整体教育情况相关，另一方面说明展会对于高素质群体具有较大的吸引力。

(4) 观众月收入

观众月收入大都集中在4000元以下，占78.4%，说明这个收入层次的人群对参观上海世博会更加有兴趣，当然，这也符合年轻人群的特征。观众月收入4001-8000元的占15.4%，8001元以上的占6.2%。

(5) 观众来源

观众主要来自于国内，占98.6%，而国外观众只占到总数的1.4%，说明上海世博会观众的国际化程度还不高。

二、数据分析

1. 不同收入的世博会观众满意度指标评价差异分析

(1) 入场等候

表1 入场等候的指标评价

月收入\选项	非常不重要	不重要	一般	比较重要	非常重要
2000元及以下	9 (3.8%)	14 (5.91%)	41 (17.3%)	60 (25.32%)	113 (47.68%)
2001-4000元	7 (4.52%)	9 (5.81%)	24 (15.48%)	41 (26.45%)	74 (47.74%)
4001-6000元	6 (10%)	1 (1.67%)	9 (15%)	10 (16.67%)	34 (56.67%)
6001-8000元	0 (0%)	2 (11.76%)	3 (17.65%)	2 (11.76%)	10 (58.82%)
8001-10000元	1 (7.14%)	1 (7.14%)	4 (28.57%)	2 (14.29%)	6 (42.86%)
10000元以上	1 (5.88%)	0 (0%)	2 (11.76%)	8 (47.06%)	6 (35.29%)

从分析数据来看，月收入在4000元以下的观众认为一般和比较重要的占有40%以上，4001-8000元的观众有超过50%认为入场等候指标对满意度非

常重要,10000元以上的观众认为比较重要和非常重要的超过80%。可见中高收入者比低收入者对入场等候的环境和时间有更高的要求,他们更重视服务效率。

(2) 展览内容

表2 展览内容的指标评价

月收入 \ 选项	非常不重要	不重要	一般	比较重要	非常重要
2000元及以下	7 (2.95%)	7 (2.95%)	32 (13.5%)	63 (26.58%)	128 (54.01%)
2001-4000元	4 (2.58%)	8 (5.16%)	28 (18.06%)	49 (31.61%)	66 (42.58%)
4001-6000元	1 (1.67%)	5 (8.33%)	8 (13.33%)	19 (31.67%)	27 (45%)
6001-8000元	0 (0%)	0 (0%)	4 (23.53%)	7 (41.18%)	6 (35.29%)
8001-10000元	0 (0%)	0 (0%)	3 (21.43%)	6 (42.86%)	5 (35.71%)
10000元以上	0 (0%)	0 (0%)	7 (41.18%)	5 (29.41%)	5 (29.41%)

从分析数据来看,月收入在6000元以下的认为展览内容对满意度非常重要的比例较高,月收入在6000以上的认为展览内容比较重要的比例较高,即月收入较低的人群比较高的更为重视展览内容。这表明较低收入参观者的观博目标比高收入参观者更为明确单一,主要是参观展馆,"不出国门看遍世界"。观博不仅是观看所展览的内容,还有其他许多值得一看的风景。世博会期间有两万场演出,每天都有许多场次的音乐喷泉,各馆的建筑物别具一格,纪念品特色美食也是层出不穷。高收入的观众的观博目标也是相对较为多样化。

(3) 工作人员态度

表3 工作人员态度的指标评价

月收入 \ 选项	非常不重要	不重要	一般	比较重要	非常重要
2000元及以下	3 (1.27%)	7 (2.95%)	25 (10.55%)	52 (21.94%)	150 (63.29%)
2001-4000元	2 (1.29%)	4 (2.58%)	14 (9.03%)	29 (18.71%)	106 (68.39%)
4001-6000元	2 (3.33%)	2 (3.33%)	5 (8.33%)	16 (26.67%)	35 (58.33%)
6001-8000元	0 (0%)	0 (0%)	3 (17.65%)	8 (47.06%)	6 (35.29%)
8001-10000元	0 (0%)	2 (14.29%)	2 (14.29%)	0 (0%)	10 (71.43%)
10000元以上	0 (0%)	1 (5.88%)	2 (11.76%)	5 (29.41%)	9 (52.94%)

从分析数据来看,不同收入的参观者认为工作人员态度对满意度比较重要和非常重要的都占了绝大多数,特别是月收入在8001-10000元的参观者,仅

认为非常重要的就高达 71.43%。这表明参观者买了门票观博，都希望工作人员能态度热情，特别是收入较高的参观者大多社会地位较高，更希望得到工作人员的热情接待。

（4）讲解服务

表4 讲解服务的指标评价

月收入 \ 选项	非常不重要	不重要	一般	比较重要	非常重要
2000 元及以下	4（1.69%）	11（4.64%）	42（17.72%）	64（27%）	116（48.95%）
2001-4000 元	3（1.94%）	7（4.52%）	21（13.55%）	52（33.55%）	72（46.45%）
4001-6000 元	0（0%）	2（3.33%）	8（13.33%）	26（43.33%）	24（40%）
6001-8000 元	0（0%）	0（0%）	6（35.29%）	5（29.41%）	6（35.29%）
8001-10000 元	0（0%）	3（21.43%）	2（14.29%）	5（35.71%）	4（28.57%）
10000 元以上	0（0%）	0（0%）	4（23.53%）	5（29.41%）	8（47.06%）

从分析数据来看，月收入在 6000 元以下的参观者的认为讲解服务对满意度比较或是非常重要的占了大多数，而月收入在 6001-10000 元有三分之一认为一般或是不重要，10000 元以上的也有近四分之一认为一般。可见中高收入参观者相对来说偏向于凭自己的兴趣或见识有选择的参观。以各国家馆为例，讲解员讲解的通常都是该国最特别最有意义的部分，大多数人会了解的很多，但是一些高收入者见识相对较广，这些他们或许都早有了解，讲解服务就不显得那么重要，反而希望能自由的参观。

（5）秩序管理

表5 秩序管理的指标评价

月收入 \ 选项	非常不重要	不重要	一般	比较重要	非常重要
2000 元及以下	7（2.95%）	7（2.95%）	17（7.17%）	50（20.1%）	156（65.82%）
2001-4000 元	3（1.94%）	4（2.58%）	13（8.39%）	43（27.74%）	92（59.35%）
4001-6000 元	4（6.67%）	2（3.33%）	9（15%）	16（26.67%）	29（48.33%）
6001-8000 元	0（0%）	2（11.76%）	0（0%）	11（64.71%）	4（23.53%）
8001-10000 元	0（0%）	0（0%）	4（28.57%）	2（14.29%）	8（57.14%）
10000 元以上	0（0%）	0（0%）	0（0%）	9（52.94%）	8（47.06%）

从分析数据来看，大多数月收入在 4000 元以下的参观者表示秩序管理对满意度非常重要，而 6001-8000 元和 10000 元以上的参观者表示比较重要的

居多，8001-10000 元的参观者有近半表示一般或比较重要。这表明中高收入者认为良好的秩序管理是一种比较基本的指标，就如世博园内必须有展馆一样，不如较低收入者认为秩序管理重要。

(6) 向导服务

表 6　向导服务的指标评价

月收入 \ 选项	非常不重要	不重要	一般	比较重要	非常重要
2000 元及以下	4 (1.69%)	6 (2.53%)	27 (11.39%)	54 (22.78%)	146 (61.6%)
2001-4000 元	5 (3.23%)	5 (3.23%)	14 (9.03%)	39 (25.16%)	92 (59.35%)
4001-6000 元	0 (0%)	2 (3.33%)	10 (16.67%)	17 (28.33%)	31 (51.67%)
6001-8000 元	0 (0%)	0 (0%)	1 (5.88%)	8 (47.06%)	8 (47.06%)
8001-10000 元	0 (0%)	0 (0%)	3 (21.43%)	5 (35.71%)	6 (42.86%)
10000 元以上	0 (0%)	1 (5.88%)	2 (11.76%)	7 (41.18%)	7 (41.18%)

从分析数据来看，随着月收入的增加，表示向导服务对满意度非常重要的比例在下降。可见高收入者较低收入者更习惯于凭借地图或路标等获得信息，而低收入者更多的偏向于询问以快速便捷地方式得到答案。

(7) 安保措施

表 7　安保措施的指标评价

月收入 \ 选项	非常不重要	不重要	一般	比较重要	非常重要
2000 元及以下	3 (1.27%)	7 (2.59%)	26 (10.97%)	53 (22.36%)	148 (62.45%)
2001-4000 元	2 (1.29%)	2 (1.29%)	12 (7.74%)	29 (18.71%)	110 (70.97%)
4001-6000 元	0 (0%)	3 (5%)	6 (10%)	16 (26.67%)	35 (58.33%)
6001-8000 元	1 (5.88%)	0 (0%)	2 (11.76%)	4 (23.53%)	10 (58.82%)
8001-10000 元	0 (0%)	1 (7.14%)	2 (14,29%)	3 (21.43%)	8 (57.14%)
10000 元以上	0 (0%)	0 (0%)	0 (0%)	5 (29.41%)	12 (70.59%)

从分析数据来看，总的来说各个收入层的观众认为安保措施对满意度很重要，相比来说，月收入在 4000 元以下及 10000 元以上的观众认为非常重要的比例偏高，而 4000-10000 元的观众认为非常重要的偏低。这表明中等收入者对世博安全持较为乐观的态度。毕竟在世博会举行的 5 个月里，入园人数高达 7000 万，每天都有大量的人流。人流过多就容易发生事故，在安全最为重要的今天，安保措施无疑是非常重要的。

(8) 志愿者服务

表8 志愿者服务的指标评价

月收入＼选项	非常不重要	不重要	一般	比较重要	非常重要
2000元及以下	6 (2.53%)	6 (2.53%)	16 (6.75%)	43 (28.14%)	166 (70.04%)
2001-4000元	3 (1.94%)	4 (2.58%)	7 (4.52%)	30 (19.35%)	111 (71.61%)
4001-6000元	1 (1.67%)	0 (0%)	7 (11.67%)	16 (26.67%)	36 (60%)
6001-8000元	0 (0%)	0 (0%)	1 (5.88%)	4 (23.53%)	12 (70.59%)
8001-10000元	0 (0%)	1 (7.14%)	0 (0%)	1 (7.14%)	12 (85.71%)
10000元以上	0 (0%)	0 (0%)	1 (5.88%)	6 (35.29%)	10 (58.82%)

从分析数据来看，大多收入层的观众认为志愿者服务对满意度非常重要的都超过了70%，月收入在10000元以上的观众虽然认为非常重要的偏低，但是认为比较重要的高达35.29%。而月收入在4001-6000元的观众相对较少，并有超过10%的人认为一般。这表明中等收入者对志愿者服务的需求相对较少，此收入段的观众年纪大多较年轻又有了一定阅历，有时遇到问题也能很快自己解决。

(9) 卫生环境

表9 卫生环境的指标评价

月收入＼选项	非常不重要	不重要	一般	比较重要	非常重要
2000元及以下	7 (2.95%)	1 (0.42%)	15 (6.33%)	55 (23.21%)	159 (67.09%)
2001-4000元	3 (1.94%)	1 (0.65%)	11 (7.10%)	36 (23.23%)	104 (67.1%)
4001-6000元	0 (0%)	1 (1,67%)	4 (6.67%)	20 (33.33%)	35 (58.33%)
6001-8000元	0 (0%)	0 (0%)	1 (5.88%)	10 (58.82%)	6 (35.29%)
8001-10000元	0 (0%)	2 (14.29%)	0 (0%)	7 (50%)	5 (35.71%)
10000元以上	0 (0%)	0 (0%)	4 (23.53%)	2 (11.76%)	11 (64.71%)

从分析数据来看，月收入在6000元以下的参观者表示卫生环境对满意度非常重要的占了大部分，月收入在6001-10000元的参观者表示比较重要的居多，对于10000元以上的参观者，虽然表示十分重要的比例也较高，但是其样本总数少，且有超过20%的人认为一般。可这表明，较低收入者比较高收入者对环境卫生条件更为苛刻。根据图2占样本总数最多的月收入在2000元以下的观众里有大部分应是年龄小于25岁，多为较年轻者，很多可能还在学校。

他们的成长环境较年龄较大者好，对环境品质的要求也普遍偏高。

（10）休憩场所

表10 休憩场所的指标评价

月收入 \ 选项	非常不重要	不重要	一般	比较重要	非常重要
2000元及以下	9 (3.8%)	6 (2.53%)	21 (8.86%)	47 (19.83%)	154 (64.98%)
2001-4000元	3 (1.94%)	4 (2.58%)	16 (10.32%)	31 (20%)	101 (65.16%)
4001-6000元	1 (1.67%)	1 (1.67%)	9 (15%)	16 (26.67%)	33 (55%)
6001-8000元	0 (0%)	0 (0%)	1 (5.88%)	6 (35.29%)	10 (58.82%)
8001-10000元	0 (0%)	0 (0%)	3 (21.43%)	4 (28.57%)	7 (50%)
10000元以上	1 (5.88%)	1 (5.88%)	2 (11.76%)	3 (17.65%)	10 (58.82%)

从分析数据来看，月收入在4000元以下的观众认为休憩场所对满意度非常重要的比例较高，月收入在4001-6000元的观众认为非常重要的比例有所下降，而月收入在6000元以上的认为一般或是不重要的比例上升。可见较低收入者对休憩场所的要求较高。如在卫生环境中分析的结果，较低收入者多为较年轻者，优越的成长环境让他们普遍对硬件条件要求偏高。

（11）餐饮服务

表11 餐饮服务的指标评价

月收入 \ 选项	非常不重要	不重要	一般	比较重要	非常重要
2000元及以下	7 (2.95%)	8 (3.38%)	27 (11.39%)	63 (26.58%)	132 (55.7%)
2001-4000元	2 (1.29%)	15 (9.68%)	19 (12.26%)	40 (25.81%)	79 (50.97%)
4001-6000元	5 (8.33%)	2 (3.33%)	9 (15%)	17 (28.33%)	27 (45%)
6001-8000元	0 (0%)	1 (5.88%)	2 (11.76%)	5 (29.41%)	9 (52.94%)
8001-10000元	0 (0%)	0 (0%)	2 (14.29%)	4 (28.57%)	8 (57.14%)
10000元以上	0 (0%)	1 (5.88%)	4 (23.53%)	5 (29.41%)	7 (41.18%)

从分析数据来看，不同收入的参观者认为餐饮服务对满意度非常重要和比较重要的比例有微小的波动但基本一致，但认为一般的，随着收入增加比例也在增加。可见，相比而言，园区内食物价格的偏高，收入较低者比高收入者对餐饮服务更为重视。对于餐饮服务来说，食品安全是大事。主办方启动了包含现场电子化监管、食品溯源、快速检测、突发事件预警和应急处置、远程温度监控、远程视频监控等6项专业系统的食品安全实时监控综合平台，所有食品

都要有 RFID 电子标签，输有生产日期、保质期和来源地等信息，食物的成本自然上升了。这无疑造成了对满意度的影响，特别是较低收入者更为明显。

（12）园区交通

表12 园区交通的满意度评价

月收入\选项	非常不重要	不重要	一般	比较重要	非常重要
2000元及以下	6 (2.53%)	6 (2.53%)	20 (8.44%)	47 (29.83%)	158 (66.67%)
2001-4000元	3 (1.94%)	7 (4.52%)	14 (9.03%)	36 (23.23%)	95 (61.29%)
4001-6000元	3 (5%)	2 (3.33%)	7 (11.67%)	10 (16.67%)	38 (63.33%)
6001-8000元	0 (0%)	0 (0%)	0 (0%)	6 (35.29%)	11 (64.71%)
8001-10000元	0 (0%)	1 (7.14%)	1 (7.14%)	1 (7.14%)	11 (78.57%)
10000元以上	0 (0%)	0 (0%)	3 (17.65%)	3 (17.65%)	11 (64.71%)

从分析数据来看，不同收入的参观者认为园区交通对满意度非常重要和比较重要的比例都占了绝大多数。可见，不同收入参观者对园区交通的看法差异性不大，园区那么大，观众对园区交通有普遍的需求。整个上海世博园区内的公共交通设施包括一条轨道线、5条公交线、5条轮渡线以及途经"水门"的4条入园航线和3条离园航线，不仅方便，更是能为观众节省体力，大大提高观展效率。

（13）对特殊人群照顾

表13 对特殊人群照顾的指标评价

月收入\选项	非常不重要	不重要	一般	比较重要	非常重要
2000元及以下	5 (2.11%)	2 (0.84%)	22 (9.28%)	37 (15.61%)	171 (72.15%)
2001-4000元	6 (3.87%)	5 (3.23%)	16 (10.32%)	25 (16.13%)	103 (66.45%)
4001-6000元	2 (3.33%)	3 (5%)	7 (11.67%)	11 (18.33%)	37 (61.67%)
6001-8000元	0 (0%)	2 (11.76%)	1 (5.88%)	7 (41.18%)	7 (41.18%)
8001-10000元	0 (0%)	1 (7.14%)	1 (7.14%)	3 (21.43%)	9 (64.29%)
10000元以上	0 (0%)	0 (0%)	1 (5.88%)	5 (11.76%)	11 (64.71%)

从分析数据来看，不同收入的参观者认为对特殊人群的照顾对满意度非常重要和比较重要的比例都占了绝大多数。可见各个收入阶层的人对特殊人群都怀有关怀和爱心。

(14) 防暑降温措施

表14 防暑降温措施的指标评价

月收入\选项	非常不重要	不重要	一般	比较重要	非常重要
2000元及以下	5（2.11%）	7（2.95%）	15（6.33%）	47（19.83%）	163（68.78%）
2001-4000元	5（3.23%）	5（3.23%）	8（5.16%）	33（21.29%）	104（67.1%）
4001-6000元	3（5%）	0（0%）	3（5%）	8（13.33%）	46（76.67%）
6001-8000元	0（0%）	0（0%）	0（0%）	3（17.65%）	14（82.35%）
8001-10000元	1（7.14%）	0（0%）	1（7.14%）	2（14.29%）	10（71.43%）
10000元以上	1（5.88%）	0（0%）	0（0%）	5（29.41%）	11（64.71%）

从分析数据来看，月收入在4001-10000元的参观者认为防暑降温措施对满意度非常重要的比例相当高超过了70%，月收入4000元以下的认为非常重要的也占了很大的比例但相比而言略少了些。这表明，各收入层的参观者对防暑降温措施都非常重视。多为年轻人的低收入者体质较佳，抗暑能力较强。而世博园区喷雾降温系统只要温度一超过30℃便会自动启用，用水降温，生态环保，竭力为观众做到最好。

(15) 结论

这14个指标对观众满意度来说都很重要，各个收入层对其的评价差异都不大。特别是志愿者服务，园区交通和防暑降温措施这三个指标，各个收入层的参观者都觉得特别重要。相比较而言，入场等候，展览内容和讲解服务这三个指标对满意度的影响没有其他的明显。通过纵向的分析比较，较低收入者对世博会的展览服务和配套的服务设施的影响评价相对较高。他们大多年纪偏轻，注重生活品质，对如展览内容，向导服务，卫生环境，休憩场所，餐饮服务等指标，比其他的收入群体更加认同其重要性。中等收入者更倾向于自由，选择性地观博。对于如入场等待，讲解服务，秩序管理和安保措施等指标对满意度的影响，中等收入者的评价相对其他收入群体较低。高收入者对各个指标的评价较为居中，和主流保持一致，他们考虑的较为全面。

2. 不同收入的上海世博会观众满意度评价差异分析

(1) 入场等候

表1 入场等候的指标评价

月收入\满意度	非常不满意	不满意	一般	比较满意	非常满意
2000元及以下	28（11.81%）	45（18.99%）	69（29.11%）	59（24.89%）	36（15.19%）
2001－4000元	28（18.06%）	33（21.29%）	31（20.00%）	50（32.26%）	13（8.39%）
4001－6000元	10（16.66%）	7（11.66%）	26（43.33%）	12（20.00%）	5（8.33%）
6001－8000元	1（5.88%）	7（41.18%）	3（17.65%）	3（17.65%）	3（17.65%）
8001－10000元	4（28.57%）	3（21.43%）	3（21.43%）	1（7.14%）	3（21.43%）
10000元以上	1（5.88%）	5（29.41%）	4（23.53%）	3（17.65%）	4（23.53%）

从分析数据来看，月收入2000元及以下和4001－6000元的参观者在入场等候方面表示一般的比例较高；月收入6001－8000元和8001－10000元的参观者对入场等候的满意度最低；月收入2001－4000元的参观者的满意度较高。可见，随着收入水平的提高，人们的生活节奏越来越快，对于等候时间的耐心也就逐渐降低。

（2）展览内容

表2 展览内容的满意度评价

月收入\满意度	非常不满意	不满意	一般	比较满意	非常满意
2000元及以下	9（3.80%）	23（9.70%）	84（35.44%）	74（31.22%）	47（19.83%）
2001－4000元	7（4.52%）	20（12.90%）	53（34.19%）	48（30.97%）	27（17.42%）
4001－6000元	3（5.00%）	3（5.00%）	18（30.00%）	22（36.67%）	14（23.33%）
6001－8000元	1（5.88%）	2（11.76%）	9（52.94%）	5（29.41%）	0（0%）
8001－10000元	2（14.29%）	2（14.29%）	5（35.7%）	3（21.43%）	2（14.29%）
10000元以上	0（0%）	4（23.53%）	7（41.18%）	4（23.53%）	2（11.76%）

从分析数据来看，月收入8001－10000元和10000元以上的参观者对展览内容的满意度较低；月收入6001－8000的参观者表示一般态度的比例超过了一半；月收入4001－6000元和2000元及以下的参观者的满意度高于其他参观者。这表明，高收入参观者对于展览内容的精彩程度抱有较高期望，而展览内容实际与他们的期望还存在一定差距。

(3) 工作人员态度

表3 工作人员态度的满意度评价

月收入\满意度	非常不满意	不满意	一般	比较满意	非常满意
2000元及以下	6 (2.53%)	8 (3.38%)	42 (17.72%)	83 (35.02%)	98 (41.35%)
2001-4000元	3 (1.94%)	11 (7.10%)	29 (18.70%)	42 (27.10%)	70 (45.16%)
4001-6000元	1 (1.67%)	3 (5.00%)	16 (26.67%)	16 (26.67%)	24 (40.00%)
6001-8000元	1 (5.88%)	0 (0%)	6 (35.29%)	3 (17.65%)	7 (41.18%)
8001-10000元	2 (14.29%)	0 (0%)	3 (21.43%)	2 (14.29%)	7 (50.00%)
10000元以上	1 (5.88%)	1 (5.88%)	6 (35.29%)	5 (29.41%)	4 (23.53%)

从分析数据来看,对于工作人员态度总体上都得到了积极的回应,这主要得益于世博会场馆工作人员和"小白菜"们不知不倦的奉献精神和组织方前期一丝不苟的培训。唯有月收入在10000元以上的参观者,可能由于平时享受的服务质量比较高,从心理层面上削弱了满意值。

(4) 讲解服务

表4 讲解服务的满意度评价

月收入\满意度	非常不满意	不满意	一般	比较满意	非常满意
2000元及以下	6 (2.53%)	23 (9.70%)	66 (27.85%)	69 (29.11%)	73 (30.80%)
2001-4000元	4 (2.58%)	21 (13.55%)	47 (30.32%)	41 (26.45%)	42 (27.10%)
4001-6000元	4 (6.67%)	7 (11.67%)	17 (28.33%)	25 (41.67%)	7 (11.67%)
6001-8000元	1 (5.88%)	2 (11.76%)	7 (41.18%)	3 (17.65%)	4 (23.53%)
8001-10000元	1 (7.14%)	1 (7.14%)	5 (35.71%)	3 (21.43%)	4 (28.57%)
10000元以上	0 (0%)	2 (11.76%)	4 (23.53%)	7 (41.18%)	4 (23.53%)

从分析数据来看,参观者对于讲解服务的满意程度普遍较高,特别是月收入2000元及以下的参观者对讲解服务"非常满意"的比例最高。可见,虽然世博会的展示内容涉及到各国的风土人情,给参观者观博带来了一些不便,但讲解人员的整体素质较高,弥补了这点不足,让参观者能与展示的内容产生共鸣。

(5) 秩序管理

表5 秩序管理的满意度评价

月收入\满意度	非常不满意	不满意	一般	比较满意	非常满意
2000元及以下	11 (4.64%)	24 (10.13%)	52 (21.94%)	74 (31.22%)	76 (32.07%)
2001-4000元	4 (2.58%)	13 (13.55%)	33 (21.29%)	54 (34.84%)	51 (32.90%)
4001-6000元	4 (6.67%)	5 (8.33%)	23 (38.33%)	16 (26.67%)	12 (20.00%)
6001-8000元	1 (5.88%)	0 (0%)	5 (29.41%)	8 (47.06%)	3 (17.65%)
8001-10000元	2 (14.29%)	0 (0%)	4 (28.57%)	4 (28.57%)	4 (28.57%)
10000元以上	2 (11.76%)	1 (5.88%)	3 (17.56%)	10 (58.82%)	1 (5.88%)

从分析数据来看，月收入2000元及以下和2001-4000元的参观者对园区的秩序管理满意度基本相同，大致比较满意；月收入10000元以上的参观者的满意度则相对较低一些，看来高收入者对于秩序管理的要求比中低收入者要高一些。

(6) 向导服务

表6 向导服务的满意度评价

月收入\满意度	非常不满意	不满意	一般	比较满意	非常满意
2000元及以下	12 (5.06%)	17 (7.17%)	46 (19.41%)	73 (30.80%)	89 (37.55%)
2001-4000元	7 (4.52%)	22 (14.19%)	24 (15.48%)	48 (30.97%)	54 (34.84%)
4001-6000元	2 (3.33%)	6 (10.00%)	16 (26.67%)	18 (30.00%)	18 (30.00%)
6001-8000元	0 (0%)	0 (0%)	5 (29.41%)	7 (41.18%)	5 (29.41%)
8001-10000元	1 (7.14%)	1 (7.14%)	3 (21.43%)	5 (35.71%)	4 (28.57%)
10000元以上	0 (0%)	3 (17.56%)	6 (35.29%)	5 (29.41%)	3 (17.56%)

从分析数据来看，中低收入者对向导服务的满意度评价都较好，但收入在2000元及以下的参观者表示不满意的比例最高，这也显示出组织方在路牌、标示的设计上还可以做得更人性化一点，并辅以相应的人员配备，对中老年人提供更周到的服务。

（7）安保措施

表7　安保措施的满意度评价

月收入＼满意度	非常不满意	不满意	一般	比较满意	非常满意
2000元及以下	8（3.38%）	5（2.11%）	29（12.24%）	69（29.11%）	126（53.16%）
2001-4000元	2（1.29%）	5（3.23%）	19（12.26%）	45（29.03%）	84（54.19%）
4001-6000元	0（0%）	5（8.34%）	14（23.33%）	18（30.00%）	23（38.33%）
6001-8000元	0（0%）	0（0%）	4（23.53%）	2（11.76%）	11（64.71%）
8001-10000元	0（0%）	1（7.14%）	3（21.43%）	4（28.57%）	6（24.86%）
10000元以上	1（5.88%）	0（0%）	1（5.88%）	7（41.18%）	8（47.06%）

从分析数据来看，月收入在4001-6000元的参观者对安保措施持不满意态度的比例稍高，而月收入在4000元及以下和6001-8000的参观者表示非常满意的比例都超过了50%。总体上世博的安保工作还是成功的，个别参观者不满意的原因主要是对安检工作的缺乏理解和配合。

（8）志愿者服务

表8　志愿者服务的满意度评价

月收入＼满意度	非常不满意	不满意	一般	比较满意	非常满意
2000元及以下	9（3.80%）	4（1.69%）	19（8.02%）	59（24.89%）	146（61.60%）
2001-4000元	4（2.58%）	5（3.23%）	17（10.97%）	39（25.16%）	90（58.06%）
4001-6000元	3（5.00%）	1（1.67%）	13（21.67%）	15（25.00%）	28（46.67%）
6001-8000元	0（0%）	0（0%）	1（5.88%）	2（11.76%）	14（82.35%）
8001-10000元	0（0%）	0（0%）	3（21.42%）	1（7.14%）	10（71.42%）
10000元以上	1（5.88%）	1（5.88%）	2（11.76%）	5（29.41%）	8（47.06%）

从分析数据来看，月收入在6001-8000元和8001-10000元的参观者对志愿者服务没有丝毫不满，而低收入者和高收入者对于志愿者服务的要求明显较高，特别是月收入10000元以上的参观者对志愿服务的评价相对较低。

(9) 卫生环境

表9 卫生环境的满意度评价

月收入\满意度	非常不满意	不满意	一般	比较满意	非常满意
2000元及以下	9 (3.80%)	7 (2.95%)	34 (14.35%)	69 (29.11%)	118 (49.79%)
2001-4000元	3 (1.94%)	7 (4.52%)	20 (12.90%)	45 (29.03%)	80 (51.61%)
4001-6000元	0 (0%)	4 (6.67%)	9 (15.00%)	17 (28.33%)	30 (50.00%)
6001-8000元	0 (0%)	1 (5.88%)	2 (11.76%)	5 (29.41%)	9 (52.94%)
8001-10000元	1 (7.14%)	2 (14.29%)	0 (0%)	6 (42.86%)	5 (35.71%)
10000元以上	1 (5.88%)	1 (5.88%)	6 (35.29%)	3 (17.65%)	6 (35.29%)

从分析数据来看，月收入8001-10000元的参观者对卫生环境表示"非常不满意"和"不满意"的比例比其他参观者都高，月收入8000元及以下的参观者表示"非常满意"的比例都在50%左右。也就是说，高收入者对于环境卫生的要求要高于中低收入者。

(10) 休憩场所

表10 休憩场所的满意度评价

月收入\满意度	非常不满意	不满意	一般	比较满意	非常满意
2000元及以下	11 (4.64%)	17 (7.17%)	50 (21.10%)	80 (33.76%)	79 (33.33%)
2001-4000元	4 (2.58%)	13 (8.39%)	27 (17.42%)	55 (35.48%)	56 (36.12%)
4001-6000元	2 (3.33%)	7 (11.67%)	17 (28.33%)	19 (31.67%)	15 (25.00%)
6001-8000元	2 (11.76%)	0 (0%)	2 (11.76%)	7 (41.18%)	6 (35.29%)
8001-10000元	0 (0%)	0 (0%)	7 (50.00%)	3 (21.43%)	4 (28.57%)
10000元以上	2 (11.76%)	1 (5.88%)	6 (35.29%)	3 (17.65%)	5 (29.41%)

从分析数据来看，月收入8001-10000元的参观者认为休憩场所设置"一般"的比例大大高于其他参观者，月收入10000元以上的参观者的满意度也是较低的，这说明高收入者对于休憩的要求更高，由于他们大多不只参观一天，他们更注重观博的舒适程度，并非在乎一天要看多少个馆。

(11) 餐饮服务

表 11　餐饮服务的满意度评价

月收入\满意度	非常不满意	不满意	一般	比较满意	非常满意
2000 元及以下	17（7.17%）	32（13.50%）	60（25.32%）	80（33.76%）	48（20.25%）
2001-4000 元	10（6.45%）	23（14.84%）	52（33.55%）	46（29.68%）	24（15.48%）
4001-6000 元	8（13.33%）	10（16.67%）	17（28.33%）	17（28.33%）	8（13.33%）
6001-8000 元	3（17.65%）	2（11.76%）	7（41.18%）	5（29.41%）	0（0%）
8001-10000 元	2（14.29%）	2（14.29%）	5（35.71%）	3（21.43%）	2（14.29%）
10000 元以上	0（0%）	6（35.29%）	8（47.06%）	1（5.88%）	2（11.76%）

从分析数据来看，餐饮服务的总体满意度一般，其中月收入 6001-8000 元的参观者表示"非常不满意"的比例最高，月收入 10000 元以上的参观者表示"不满意"的比例最高。这也真实反映了园区内餐饮价格过高，消费的物有所值感稍差的事实，但餐饮服务的卫生水平还是达到了较高的要求。

(12) 园区交通

表 12　园区交通的满意度评价

月收入\满意度	非常不满意	不满意	一般	比较满意	非常满意
2000 元及以下	9（3.86%）	15（6.33%）	40（16.88%）	81（34.18%）	92（38.82%）
2001-4000 元	5（3.23%）	15（9.68%）	33（21.29%）	54（34.84%）	48（30.97%）
4001-6000 元	4（6.67%）	6（10.00%）	19（31.67%）	14（23.33%）	17（28.33%）
6001-8000 元	1（5.88%）	1（5.88%）	1（5.88%）	11（64.71%）	3（17.65%）
8001-10000 元	4（28.57%）	2（14.29%）	1（7.14%）	1（7.14%）	6（42.86%）
10000 元以上	2（11.76%）	0（0%）	6（35.29%）	5（29.41%）	4（23.53%）

从分析数据来看，月收入 4000 元及以下的参观者对于园区的交通服务满意度较高，月收入 10000 元以上的参观者大多觉得一般。这主要归功于园区内的免费接送巴士服务周到，能满足绝大部分中低收入者的需求，但园内交通方式的多样性还有待完善。

(13) 对特殊人群照顾

表13 对特殊人群照顾的满意度评价

月收入 \ 满意度	非常不满意	不满意	一般	比较满意	非常满意
2000元及以下	6 (2.53%)	11 (4.64%)	30 (12.66%)	57 (24.05%)	133 (56.12%)
2001-4000元	7 (4.12%)	12 (7.74%)	24 (15.48%)	44 (28.39%)	68 (43.87%)
4001-6000元	4 (6.67%)	4 (6.67%)	11 (18.33%)	14 (28.33%)	27 (45.00%)
6001-8000元	0 (0%)	2 (11.76%)	5 (29.41%)	4 (23.53%)	6 (35.29%)
8001-10000元	1 (7.14%)	2 (14.29%)	3 (21.43%)	3 (21.43%)	5 (35.71%)
10000元以上	0 (0%)	0 (0%)	5 (29.41%)	5 (29.41%)	7 (41.18%)

从分析数据来看，所有选项下"非常满意"的比例均为横向最大，不论哪类收入水平的参观者都认为本届世博会在对特殊人群照顾措施方面做得比较到位，提供了绿色通道等方式。月收入8001-10000元的中等收入参观者的不满意比例稍高，可能和其客观的需求量较大有关。

(14) 防暑降温措施

表14 防暑降温措施的满意度评价

月收入 \ 满意度	非常不满意	不满意	一般	比较满意	非常满意
2000元及以下	9 (3.80%)	9 (3.80%)	43 (18.14%)	74 (31.22%)	102 (43.04%)
2001-4000元	4 (2.58%)	7 (4.52%)	20 (12.90%)	56 (36.13%)	68 (43.87%)
4001-6000元	2 (3.33%)	6 (10.00%)	7 (11.67%)	15 (25.00%)	30 (50.00%)
6001-8000元	0 (0%)	0 (0%)	4 (23.53%)	4 (23.53%)	9 (52.94%)
8001-10000元	2 (14.29%)	0 (0%)	4 (35.71%)	4 (28.57%)	4 (28.57%)
10000元以上	2 (11.76%)	1 (5.88%)	2 (11.76%)	6 (35.29%)	6 (35.29%)

从分析数据来看，月收入8000元及以下的参观者对防暑降温措施的满意度较高，月收入8000元以上的参观者对防暑降温措施的满意度则较低，这和高收入者平时的生活和工作环境不无关系，他们对高温的感受比低收入者自然稍高。总的来说，在多个37摄氏度以上高温天的考验下，园区的喷雾装置和冰块降温等措施还是收效较佳的。

(15) 结论

总体而言，上海世博会各项服务指标都得到了肯定的评价，"工作人员态度"、"安保措施"中多项指标的"非常满意"选项都超过了半数，这充分体现了我们办博的理念——"人们来到城市，是为了更好的生活"。同时，高收入者由于平时的生活环境和接受到的服务水平较高，所以对世博会的各项指标要求比中低收入者更高一些；中等收入者对"入场等候"、"餐饮服务"的要求较高；低收入人群更关心"向导服务"和"园区交通"等基础设施的完善，反映了马斯洛的需求层次论。组织者可以根据调查，为不同收入人群制定更加多样化的观博方式和观博菜单，以期提高服务质量。

3. 世博会观众满意度指标评价的性别差异分析

(1) 入场等候

表1 入场等候的指标评价

性别\选项	非常不重要	不重要	一般	比较重要	非常重要
男	11 (45.83%)	15 (55.56%)	50 (60.24%)	70 (56.91%)	119 (48.97%)
女	13 (54.17%)	12 (44.44%)	33 (39.76%)	53 (43.09%)	124 (51.03%)

从分析数据来看，男性感到非常重要的比例要低于女性，而感到不重要的比例要高于女性。考虑到男女接受调查的人数基数不同，男性在入场等候指标的要求低于女性。

(2) 展览内容

表2 展览内容的指标评价

性别\选项	非常不重要	不重要	一般	比较重要	非常重要
男	5 (41.67%)	12 (60%)	49 (59.76%)	83 (55.7%)	116 (48.95%)
女	7 (58.33%)	8 (40%)	33 (40.24%)	66 (44.3%)	121 (51.05%)

从分析数据来看，男性参观者在不重要选项和一般选项上的比例要高于女性参观者20个百分点左右，而表示非常重要的比例则要低于女性参观者，可见男性参观者对展览的内容要求要更高一些。

(3) 工作人员态度

表3 工作人员态度的指标评价

性别\选项	非常不重要	不重要	一般	比较重要	非常重要
男	3 (42.86%)	8 (50%)	21 (41.18%)	68 (61.82%)	165 (52.22%)
女	4 (57.14%)	8 (50%)	30 (58.82%)	42 (38.18%)	151 (47.78%)

从分析数据来看,女性参观者在非常不重要、不重要和一般这三个选项中的比例都要高于男性参观者,而感到比较重要和非常重要的比例却要低于男性,可见女性对工作人员的服务期望值要高于男性。

(4) 讲解服务

表4 讲解服务的指标评价

性别\选项	非常不重要	不重要	一般	比较重要	非常重要
男	2 (28.57%)	13 (56.52%)	45 (54.22%)	90 (57.32%)	115 (50%)
女	5 (71.43%)	10 (43.48%)	38 (45.78%)	67 (42.68%)	115 (50%)

从分析数据来看,女性参观者感到非常不重要的比例相对于男性参观者来说相当高,超过近40个百分点,感到非常重要的比例则与男性持平。但在其它几个选项中的比例较男性参观者低,可见女性对讲解服务的要求要更高些。

(5) 秩序管理

表5 秩序管理的指标评价

性别\选项	非常不重要	不重要	一般	比较重要	非常重要
男	8 (57.14%)	9 (60%)	23 (53.49%)	69 (52.67%)	156 (52.53%)
女	6 (42.86%)	6 (40%)	20 (46.51%)	62 (47.33%)	141 (47.47%)

从分析数据来看,男性在非常不重要和不重要的选项中比例都要高于女性,虽然在一般和比较重要的选项中比例略高于女性,但考虑到参加调查的男女基数差异,可见男性对秩序的要求稍高一些。

(6) 向导服务

表6 向导服务的指标评价

性别\选项	非常不重要	不重要	一般	比较重要	非常重要
男	5 (55.56%)	7 (50%)	31 (54.39%)	74 (56.92%)	148 (51.03%)
女	4 (44.44%)	7 (50%)	26 (45.61%)	56 (43.08%)	142 (48.97%)

从分析数据来看,虽然女性参观者在非常重要和比较重要的比例上要略低于男性,但是由于调查的男女基数差异,可见男女参观者对向导服务还是比较看重的。

(7) 安保措施

表7 安保措施的指标评价

性别\选项	非常不重要	不重要	一般	比较重要	非常重要
男	3（50%）	8（61.54%）	25（52.08%）	68（61.82%）	161（49.85%）
女	3（50%）	5（38.46%）	23（47.92%）	42（38.18%）	162（50.15%）

从分析数据来看，女性参观者在非常重要和非常不重要的比例上与男性基本持平，在不重要和一般的比例上要略低于男性，但是从统计数字上来看却是相差不多。但是在比较重要的选项上女性不论是统计数字还是相对比例上都要远低于男性参观者，女性参观者对安保措施的需求和要求都要相对高一些。

（8）志愿者服务

表8 志愿者服务的指标评价

性别\选项	非常不重要	不重要	一般	比较重要	非常重要
男	2（20%）	8（72.73%）	20（62.5%）	58（58%）	177（51.01%）
女	8（80%）	3（27.27%）	12（37.5%）	42（42%）	170（48.99%）

从分析数据来看，男性参观者在非常不重要的选项中比例远低于女性参观者，在非常重要的选项中比例与女性几乎相等，但是在比较重要和一般的选项中比例要高于女性10个甚至20个百分点，可见女性参观者对志愿者服务的要求要高于男性，但总体上志愿者服务对参观者是比较重要的。

（9）环境卫生

表9 环境卫生的指标评价

性别\选项	非常不重要	不重要	一般	比较重要	非常重要
男	3（30%）	3（60%）	24（68.57%）	81（62.31%）	154（48.13%）
女	7（70%）	2（40%）	11（31.43%）	49（37.69%）	166（51.88%）

从分析数据来看，女性参观者感到非常不重要的比例要远高于男性参观者，但是感到非常重要的比例与男性参观者基本相同，同时女性感到比较重要和一般的比例也低于男性参观者，可见女性对环境卫生的要求更高一些。

（10）休憩场所

表10 休憩场所的指标评价

性别\选项	非常不重要	不重要	一般	比较重要	非常重要
男	4（28.57%）	8（66.67%）	33（63.46%）	65（60.75%）	155（49.21%）

续表

性别\选项	非常不重要	不重要	一般	比较重要	非常重要
女	10（71.43%）	4（33.33%）	19（36.54%）	42（39.25%）	160（50.79%）

从分析数据来看，女性参观者感到非常不重要的比例要远高于男性参观者，但是感到非常重要的比例与男性参观者基本持平，但是女性感到比较重要和一般的比例要低于男性参观者，因为女性在体力上不如男性，所以对休息场所的要求关注更多一些，要求也更高一些。

（11）餐饮服务

表11 餐饮服务的指标评价

性别\选项	非常不重要	不重要	一般	比较重要	非常重要
男	7（50%）	14（51.85%）	41（65.08%）	73（54.48%）	130（49.62%）
女	7（50%）	13（48.15%）	22（34.92%）	61（45.52%）	132（50.38%）

从分析数据来看，在非常不重要、不重要和非常重要的选项中男性女性的比例都是处于非常接近的状态，但是女性感到比较重要的比例要低于男性接近10个百分点，可见在参观过程中男性对饮食的要求更高。

（12）园区交通

表12 园区交通的指标评价

性别\选项	非常不重要	不重要	一般	比较重要	非常重要
男	4（33.33%）	10（62.5%）	25（55.56%）	57（55.34%）	169（52.16%）
女	8（66.67%）	6（37.5%）	20（44.44%）	46（44.66%）	155（47.84%）

从分析数据来看，女性参观者在非常不重要的选项中比例远远高于男性，但是在非常重要和比较重要的选项中比例低于男性参观者。虽然从总体上看园区交通对参观者还是比较重要的，而女性的要求和需求要高一些。

（13）对特殊人群照顾

表13 对特殊人群照顾的指标评价

性别\选项	非常不重要	不重要	一般	比较重要	非常重要
男	3（23.08%）	7（53.85%）	26（54.17%）	46（52.27%）	183（54.14%）
女	10（76.92%）	6（46.15%）	22（45.83%）	42（47.73%）	155（45.86%）

从分析数据来看,女性参观者感到非常不重要的比例很高,而感到非常重要的比例却比男性低将近 10 个百分点,在比较重要的选项中比例也要低于男性参观者,女性对这个问题更为关注。

(14) 防暑降温措施

表 14 防暑降温措施的指标评价

性别\选项	非常不重要	不重要	一般	比较重要	非常重要
男	6 (33.33%)	13 (41.94%)	46 (58.97%)	61 (48.03%)	139 (56.5%)
女	12 (66.67%)	18 (58.06%)	32 (41.03%)	66 (51.97%)	107 (43.5%)

从分析数据来看,女性感到非常重要的比例要低于男性参观者,反而感到非常不重要和不重要的比例要远高于男性,可以很明显的看出防暑降温措施的效果大大低于女性的期望值,也说明了女性的体质对防暑降温的要求更高。

(15) 结论

在以上 14 个主要指标中,性别差异对这些指标的要求不同,男性对于场馆展示的质量表示了更多的关注,而女性参观者则对餐饮、环境、安保、讲解、防暑降温等表现了更高的关注。同时,女性的体力不如男性决定了女性对于休息场所的要求要高,而男性的耐心不如女性则决定了男性对入场等候的要求较高。

4. 世博会观众满意度的实证分析

(1) 计算模型

①单项因素指标评价计算

将 n 个抽样样本对某一调查测评项目分别打分,其平均值即为上海世博会该项目服务质量的观众满意度得分,按下式计算。

$$q_i = \frac{\sum_{j=1}^{n} q_{ij}}{n}$$

式中:

a_i:n 个抽样样本对第 i 个调查测评项目打分的平均值;

q_{ij}:n 个样本中第 j 个上海世博会观众对第 i 个调查测评项目的打分;

n:样本大小。

②各层指标权重计算

$$W_{A-1} = (W_{A1}, W_{A2}, W_{A3}, W_{A4}, W_{A5})^T$$

$$W_{B-1} = (W_{B1}, W_{B2}, W_{B3}, \cdots, W_{B24})^T$$

以上每层所有指标权重之合均满足 $\sum W_{ij}$，其中 W_{ij} 是第 i 层的第 j 项指标的权重。

③上海世博会观众总体满意度评价计算

在计算完各层指标的上海世博会观众满意度后，可以通过公式逐层逐个求出各个层次评价指标的上海世博会观众满意度得分，直到最后计算出总的满意度得分。

$$Q = \sum q_i W_{ij} \quad (i=1,2,3,\cdots,m, j=1,2,3,\cdots k)$$

Q：观众对上海世博会服务质量的满意度（%）；

W_{ij}：第 j 层第 i 项指标的权重；

q_i：上海世博会观众对第 i 个指标的满意度评价；

m：调查表中所列调查测评项数，即影响服务质量的指标个数。

用该方法进行上海世博会观众满意度的评价，既可以得出各因素指标的分项得分，又能得出总体得分；既有利于管理者决策如何改进影响上海世博会观众满意度的指标，也有利于各个相关责任部门改进分项指标，提高上海世博会观众总体满意度。

（2）调查问卷统计分析

上海世博会观众满意度调查采用的简单随机抽样问卷调查，其误差在调查前就可以根据调查样本数量和总体中各单位之间的差异程度进行计算，将其控制在允许范围以内，调查结果的准确程度较高。同时，参与调查的人员是经过专门培训过的人员，避免受到上海世博会工作人员的干扰，调查结果是具有可信度的。

①第三级指标分析

对每项上海世博会观众满意度指标按公式计算出其换算分值，见表5。其中：对上海世博会观众满意度总体评价影响的大小（权重）表示在百分制情况下某项指标的评价提高1分，可以使上海世博会观众对服务质量的满意度提高的分值数。

表5 上海世博会观众满意度第三级指标分析

指标分项	项目名称	单项指标得分	权重（%）
B_1	登记过程示意图清晰	3.976	4.1
B_2	入场登记等候时间合理	3.024	3.9
B_3	展馆设计新颖别致	3.948	4.1
B_4	相关活动内容精彩	3.484	4

续表

指标分项	项目名称	单项指标得分	权重（%）
B_5	赠品精美	3.028	3.5
B_6	工作人员衣着得体	4.26	4.1
B_7	工作人员态度亲切	4.04	4.3
B_8	工作人员能平等对待所有的观众	4.062	4.3
B_9	工作人员能使观众获得所需展品信息	3.656	4
B_{10}	工作人员能引发观众了解展品的兴趣	3.344	3.9
B_{11}	秩序良好	3.738	4.2
B_{12}	向导服务到位	3.818	4.2
B_{13}	对特殊人群照顾周到	4.104	4.3
B_{14}	紧急出口、消防器材安放点标示明显	4.152	4.3
B_{15}	安保人员着装规范、彬彬有礼	4.136	4.3
B_{16}	安保人员坚守岗位	4.3	4.3
B_{17}	安保措施得力	4.246	4.3
B_{18}	环境整洁	4.182	4.3
B_{19}	厕所环境清洁	4.202	4.3
B_{20}	观众休憩场所空间充足	3.834	4.2
B_{21}	餐饮服务质量	3.33	4.1
B_{22}	交通便捷	3.834	4.3
B_{23}	餐仪、饮水点、厕所分布合理	4.118	4.3
B_{24}	防暑、降温工作得当	4.072	4.4

②第二级指标分析

根据第三级指标的权重和上海世博会观众满意度测评的结果可以换算出第二级指标的 5 项指标的满意度，如表 4 所示。以 A1 项为例说明第二级指标的世博会观众满意度计算方法：

$$Q A_1 = \frac{q_{B_1} W_{B_1} + q_{B_2} W_{B_2}}{W_{B_1} + W_{B_2}} = \frac{3.976 \times 0.041 + 3.024 \times 0.039}{0.041 + 0.039} = 3.5119$$

表 4　上海世博会观众满意度第二级指标分析

指标分项	项目名称	单项指标得分	权重（%）
A_1	登记接待	3.5119	8.0

续表

指标分项	项目名称	单项指标得分	权重（%）
A_2	相关服务	3.7484	32.2
A_3	秩序管理	3.889	12.7
A_4	安全管理	4.2081	17.2
A_5	环境管理	3.9438	29.9

从表4中可以看出，在硬件质量方面，登记接待满意度的分较低，说明在硬件设施的投入、管理上需要加强。

③第一级指标分析

根据第二级指标的权重和上海世博会观众满意度测评的结果可以换算出第一级指标的上海世博会观众满意度，得出观众对上海世博会满意度的总体评价，计算方法如下：

$$Q = \frac{q_{A_1}W_{A_1} + q_{A_2}W_{A_2} + q_{A_3}W_{A_3} + q_{A_4}W_{A_4} + q_{A_5}W_{A_5}}{W_{A_1} + W_{A_2} + W_{A_3} + W_{A_4} + W_{A_5}}$$

$$= \frac{3.5119 \times 0.08 + 3.7487 \times 0.322 + 3.8891 \times 0.127 + 4.2081 \times 0.172 + 3.9438 \times 0.299}{0.08 + 0.322 + 0.127 + 0.172 + 0.299}$$

$$= 3.8848$$

通过计算，上海世博会观众对满意度测评整体结果为3.8848分，观众的满意度整体评价属于一般满意，说明上海世博会的服务质量和服务水平只是得到了观众的基本认可，还有许多亟待改进和完善之处。

三、结论与建议

1. 上海世博会观众满意度评价指标体系是动态的，本文所建立的观众满意度评价指标体系是根据目前的上海世博会服务质量提出来的，随着上海世博会服务的提高，其观众满意度评价指标体系也应呈螺旋上发展趋势，某些指标完全有可能达到某种较高的满意程度，从而可不再予以考虑。而有些指标现在没有出现但将来会影响观众满意度感知状况的，那就需要及时地添加到该指标体系中。考虑到指标比较多，如果直接将这些指标全部都以问题形式置于问卷中可能会使问卷容量过于庞大，使得观众在填写问卷时觉得问卷过于繁杂而无心作答，造成信息难以采集者是采集信息有失真之嫌。因此，可以通过专项调查反映与观众关系更为密切的某些服务项目因子的服务质量。而对于具体某一展馆进行观众满意度评价，可以按照不同的观众群，分别赋以权重而得出其综合满意度；对于世博园区的综合满意度评价，则需综合各展馆的满意度评价结果分别赋以权重而得出其综合满意度。

2. "入场登记等候时间合理"是目前所有指标中满意度最低的一项指标，产生这种结果的主要原因是世博会各场馆外开始采用的排队法是原始的自然排队法。后来及时推出"分段式排队法"，这样观众不用一直处于站立、走动状态，而是可以坐在遮阳棚下休息聊天。还有"时段预约排队法"，观众只需注意在预约时间段里去排队，大大缩短排队时间，同时进馆目标时间明确，就可以有更多的时间参观较多的世博会场馆，享受世博会更多的精彩。此外，新闻晨报与上海市文明办、世博局参观者服务中心联合发起的"温馨折椅"行动——让观众坐着排队观展，上汽集团-通用汽车馆、中国航空馆、万科馆、信息通信馆、中国民企联合馆等在排队区域加设了一条长凳，观众可以倚着、靠着，还能舒舒服服坐着，就能安心等待，不会出现焦虑心情。

3. 上海世博会具有在短期内集中大量人流的特性，因此做好现场秩序管理就显得尤为重要。如设计科学详细的导向指引系统，改进其导向指引标识的设置位置和数量，通过清晰、易懂、正确的导向系统和使用指引系统，减少观众的盲目性，引导观众以最短的行走距离、最短的时间出站到达目的地；对于技术装备故障造成的事故，可采取预测和隔离等预防措施来解决；对于环境，尤其是自然灾害造成的事故，可加强监侧，建立安全防灾系统，做到灾前准确预报并采取防范措施；对于非正常状况，一定要及时通知观众；清洁人员当严格遵守清洁工作的操作流程，随时保持地面无废弃物，在现场当特别注重厕所卫生，随时清洁，将垃圾及时清运到垃圾中转站，定时进行厕所空气消毒等。

4. 注意加强工作人员（志愿者）培训，提高工作人员（志愿者）素质，增强服务意识。首先，通过世博会的文化对工作人员（志愿者）进行熏陶、与工作人员（志愿者）进行沟通，使一线工作人员（志愿者）牢记世博会的目标、文化和策略，并明白自己作为一名服务人员应该担负的职责和对世博会所起的作用，从而提高工作人员（志愿者）光荣感和责任感，强化工作人员（志愿者）服务意识，使工作人员（志愿者）服务时永远保持着主动、积极的服务态度。其次，为了了解工作人员（志愿者）培训的需求，确定培训目标、内容、效果，确保培训任务没有偏离实际情况，培训部门应该定期跟踪工作人员（志愿者）的工作情况。通过在岗跟班学习、脱岗集中培训、收集典型事件、组织学习等形式进行培训来提高工作人员（志愿者）业务水平。最后，更加重视工作人员（志愿者）的人际交往、沟通能力的培训。优秀的交际沟通能力，除了帮助工作人员（志愿者）更好的工作，而且还是向观众提供优质服务的前提。

3.5 世博后会展专业人才的素质与需求调查

一、调研目的与意义

会展是促进市场开发、内外贸易发展的一种最有效手段。会展业因高利润及对相关行业的强大拉动力吸引了众多从业者。然而，经历了近十年的发展，在2010年上海世博会空前规模影响之下，上海会展业如今正面临着一系列制约其发展的瓶颈问题：专业人才有了量的改善而"专才"却又匮乏，从业人员规模不小而学科背景学历层次差异较大，从业人员职业素养大有改善而实际操作技能依然薄弱。

（一）调研目的

鉴于以上背景，主要的调研目的是：其一，通过调查当前上海会展行业的从业人员的基本状况，了解会展专业人才的饱和或缺乏状况、学科分布和学历分布状况以及存在问题。其二，通过调查当前上海会展行业内相关会展公司的基本状况，了解当前会展专业人才的职业适应状况、潜在发展需要的需求规模以及存在的问题。其三，通过调查当前上海会展行业内相关会展公司的人力资源部门，了解对于会展专业人才需求的状况以及趋势：细分才能需求、学历水平需求、实践经验需求、细分领域专才需求等类别。其四，探索当前影响会展专业人才需求的影响因素和高校专业人才培养上的路径选择。

（二）调研意义

据上海市会展行业协会提供的数据，该市注册的会展公司就有近1000多家，会展从业人员大约有12000名。上海世博会的成功举办，上海有望成为亚太地区的重要会展中心。其中，会展人才应是会展中心建设中的核心因素。

鉴于以上状况，本调研具有较强的现实意义。通过人才需求状况的调查分析，可以为促进上海成为重要的国内外会展中心提供人力资源状况的评估，以探索应对的思路。另外，通过人才需求状况的调查分析，可以为高校探索如何培养当前以及未来适应行业发展的会展专业人才提供现实依据。

二、调研内容与设计

（一）调研内容

首先，对于上海会展业如今面临的制约其发展的系列瓶颈问题做出判断：专业人才有了量的改善而"专才"却又匮乏，从业人员规模不小而学科背景、学历层次差异较大，从业人员职业素养大有改善而实际操作技能依然薄弱。

然后，区分会展专业人才需求的技能层面、岗位层面、实务层面三个取向。

其一，技能层面。广义的会展专业人才包括了会展核心人才、会展业辅助性人才以及会展业支持型人才。会展核心人才包括会展策划和会展高级运营管理等人才，他们在行业中层次最高，专业性最强；会展业辅助性人才包括设计、搭建、运输、器材生产销售等人才；会展业支持型人才则包括高级翻译、住宿旅游接待等人才。

其二，岗位层面。通常说的会展人才指的是策划和实施层次的人才。目前招聘需求最大的是下面的五种人才：会展设计师、会展项目策划、会展销售、项目经理、服务员。

其三，实务层面。会展专业人才的实务工作有：会展立项策划和会展项目可行性分析；会展品牌形象策划等；招展和招商工作，包括招展策划与展位营销等；会务和管理工作，包含会展服务和现场管理等。

最后，通过调查当前上海会展行业的从业人员的基本状况，了解会展专业人才的饱和抑或缺乏状况、学科分布和学历分布状况以及存在问题；通过调查当前上海会展行业内相关会展公司的基本状况，了解当前会展专业人才的职业适应状况、潜在发展需要的需求规模以及存在的问题；通过调查当前上海会展行业内相关会展公司的人力资源部门，了解对于会展专业人才需求的状况以及趋势：细分类别才能需求、学历水平需求、实践经验需求、细分领域专才需求等。

（二）调研方法

本课题，经由上海会展行业协会推进和协助开展问卷调查。问卷调查主要对上海会展行业中的服务公司、会展中心及其员工开展调查，然后对收集的资料进行整理分析，最终得出研究结论。调查问卷有企业卷和员工卷组成。

通过上海会展行业协会单位名单建立抽样框，并进行系统抽样，抽取50家公司或中心，并对50家公司或中心内员工开展简单随机抽样，每家公司或中心抽5名，共250名员工。

（三）资料分析

资料来源主要有：（1）现有文献资料；（2）会展公司或中心提供的研究对象的资料；（3）深入访谈所收集到的资料。将收集后的资料进行审核，根据调研方案和设计对收集来的资料加以统计整理，运用初级统计分析技术对其进行研究。

三、调查结果及分析

在为期一个月的走访调查过程中，不仅遇到过抽样框名单编制的困难，也受到过进入公司调查的挫折,但是经过多方的帮助和上海会展行业协会相关人员的协助,我们还是顺利的介入50家会展公司开展了调查工作,也在访谈过程中得到了很多有价值的信息。

(一)样本基本情况

本次调查问卷有企业卷和员工卷组成。本次研究对象涉及公司主要有会展主办方、会展承办方、会展设计搭建方、场馆物流方、会展代理方等。会展公司员工调查问卷回收250份,有效问卷250份。样本情况参见表1和表2

表1 调查会展企业类型分布

会展企业类型	f	%
会展主办方	13	26.0
会展承办方	20	40.0
会展设计搭建方	9	18.0
会展场馆物流方	5	10.0
会展代理方	3	6.0
	$N=50$	100.0

表2 调查会展企业员工性别、年龄和从业年限状况

性别	f	%	年龄	f	%
男	148	59.2	20岁以下	31	12.4
女	102	40.8	21-30	67	26.8
从业年限			31-40	40	16.0
5年以下	113	45.2	41-50	79	31.6
6-9年	86	34.4	51-60	18	7.2
10年以上	51	20.4	60岁以上	15	6.0
	$N=250$	100.0		$N=250$	100.0

(二)会展行业基本状况:人才需求的外生性增长和内生性缺口

通过图1,我们可以看出被调查的50家企业的总体人口规模变化,表示会展行业的人才需求从2005年开始加速增长,从2000年到2005年只实现了近5倍的增长。其中,2000年接受调查的企业员工规模只有84人,而如今2010年已经达到4050人,增速近50倍。这里也表明了了未来潜在的会展人才需求不断增长的趋势。这里应该说与上海国际展会的迅速增加有一定的联系,比如展览业方面的2008年中国国际工业博览会、2009年国际汽车展、

2010年世博会，其规模及影响力都大大超过往届。再有，会议业方面的"上海陆家嘴论坛"、"中国国际金融论坛"等，这些都表明上海的会议业更向国际化、专业化、主题化发展。这些都是人才需求增长的外生性动力。

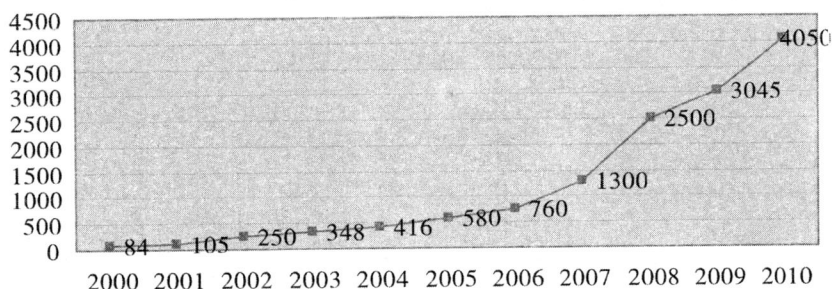

图1 2000－2010年度调查会展企业规模（雇员）变化

另外，根据本次对企业的调查，发现会展企业普遍存在人才缺口，这种巨大的缺口是由于会展经济的发展以及会展业的扩大而产生的人才需求的内生性因素所引致。这可由表3略见一斑。2005年－2007年会展人才的缺口比较稳定，2008、2009年明显扩大，而至2010年会展人才的缺口约为19∶1。

表3 2005－2010年调查会展企业的人才岗位需求与求职者比例

	2005	2006	2007	2008	2009	2010
会展主办方	13∶1	12∶1	15∶1	16∶1	15∶1	18∶1
会展承办方	12∶1	14∶1	13∶1	17∶1	19∶1	21∶1
会展设计搭建方	10∶1	8∶1	8∶1	15∶1	17∶1	25∶1
会展场馆物流方	11∶1	13∶1	9∶1	10∶1	13∶1	20∶1
会展代理方	5∶1	7∶1	9∶1	6∶1	10∶1	12∶1
$\bar{X}$	10.2∶1	10.8∶1	10.8∶1	12.8∶1	14.8∶1	19.2∶1

（三）会展行业人才处境：人才需求的专才缺乏和层次差异

上海世博会官方组织的标准用旋涡型来表述所需人才的层次结构，处在旋涡型结构核心位置的是会展运作人才，中间位置的是会展辅助人才，外围位置的是会展基础人才。会展策划和高级运营管理等属于核心人才，他们在行业中层次最高，专业性最强。会展设计、搭建、运输、器材生产、销售等人才属于辅助型人才。翻译、旅游接待等则属于支持型人才。就本次调查而言，我们发现会展运作的核心专业人才缺乏成为当前会展行业无法逾越的困境。参见表

4，研究、开发、策划、营销以及项目运营管理类的核心专业人才一直处于极少数的境地，2010年虽然有了增长也仅仅有2.1%而已。基础性人才一直占据会展行业人才的70%左右，而设计等辅助人才也相对缺乏，仅占20－30%。可见，专才缺乏是会展行业的瓶颈，而核心专业人才将是今后的重要需求。

表4 2000－2010年调查会展企业的人员结构比重分布（%）

人员结构	2005	2006	2007	2008	2009	2010	$\overline{X}$
研究、开发、策划、营销及项目管理	0.7	1.0	1.2	1.1	1.8	2.1	1.32
设计、搭建、运输、器材生产、销售	22.5	23.3	25.4	22.9	27.7	30.1	25.32
文印、电话、传真、接待、翻译、礼仪、督导	76.8	75.7	73.4	76.0	70.5	67.8	73.37
Total	100.0	100.0	100.0	100.0	100.0	100.0	

图1呈现出会展企业从业人员规模的急剧扩大，然而在我们随机抽取的250名员工中，却发现从业人员学科背景以及学历层次差异较大，详见表5和图2。其中，经过归类概括有21项不同的专业出身，平均约12个人中就存有1个专业背景差异。应该说，会展行业人才的专业背景差异非常大，层次门类涵盖广泛。这种专业的层次差异状况，也被学界及业界理解为复合型和交叉性的特征，其实质还在于会展行业的"链条"需求。这种差异需求依然是今后的人才需求重心。图2，则从另一个角度显示出会展专业人才的层次差异，这就是受教育程度背景。即会展行业的"门槛"起点由低到高，学历层次各不相同。而且，低门槛现象也反映出当前会展行业内企业的层次不齐状况。其中，最突出的特征是，目前尚有约59%的会展从业人员的教育程度属于高中或中专以及高职和大专层次。这种现象，也说明我国会展经济及行业水平依然处于起步阶段。从图2中可以看出，大学本科学历层次比例占约30%，随着会展教育的扩展和完善，未来趋势上对于本科人才需求将会出现大比例上升。

表5 调查会展企业的人员专业背景分布（%）

专业背景	f	%	专业背景	f	%	专业背景	f	%
旅游	19	7.60	贸易	14	5.60	建筑	9	3.60
会展	14	5.60	管理	11	4.40	机械	8	3.20

续表

专业背景	f	%	专业背景	f	%	专业背景	f	%
外文	17	6.80	美术	10	4.00	物流	10	4.00
广告	12	4.80	民俗	9	3.60	设计	14	5.60
经济	11	4.40	历史	9	3.60	财务	12	4.80
中文	14	5.60	营销	14	5.60	法律	10	4.00
计算机	11	4.40	艺术	12	4.80	信息技术	10	4.00

$N = 250 \quad \bar{X} = 11.9 \quad S = 2.72$

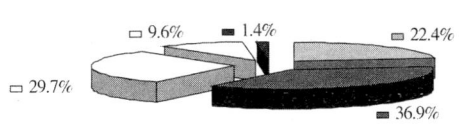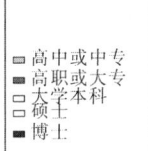

图 2　调查会展企业的人员受教育程度状况分布

（四）会展行业人才困境："职业不专业"与"专业不职业"

在本次对会展企业和员工的调查中，我们发现上海会展行业陷入一种人才困境：专业知识支持匮乏与实务技能积累薄弱。这是一种自上至下的普遍现象。我们用社会上流传的一句话概括以上两种困境，分别理解为"职业不专业"与"专业不职业"。这里的困境则隐含了潜在的人才需求方向：专业（基础理论知识）+ 职业（实务经验技能）。

"职业不专业"内容上是指专业知识的匮乏，在会展研究、会展开发与管理、会展策划与营销、会展设计与销售、会展礼仪和服务等领域以及环节表现为没有专业支持。或者说，无法和全球化趋势下的国际会展业务接轨。操作意义上，"职业不专业"主要是平时工作生活中所说的专业不对口和学历层次较低。学历层次较低在上文中已有说明，详见图2。表4-6，呈现了这种专业不对口状况。就六类职业细分而言，会展研究、会展开发与项目管理、会展策划与营销属于会展专业的核心人才，其专业-职业匹配率分别为 0、0.07、0.36。可见，其专业不对口状况非常突出。总体而言，85 名核心人才中有 22 名专业对口，匹配率也仅仅为 0.25。在访谈中，我们也发现会展企业中的核心人才，大多都是从其他行业和专业领域转过来的。另外，会展辅助人才诸如会展设计与销售、搭建运输与器材生产等的匹配率为 0.47，会展支持或基础人才诸如会展礼仪与服务、翻译文印与场馆商务等的匹配率为 0.40，二者均不足二分之一，专业不对口状况也很突出。我们所关心的是核心人才，其中会展策划与营销的专业－职业匹配率为 0.36，也可以说明我们会展教育推动已经初步显现成效。因为这类从业人员，大多都是近三年来毕业的会展专业大学生。总体而言，会展行业内会展企业从业人员的专业－职业匹配率平均水平接近 0.30，专业知识支持匮乏（"职业不专业"）困境比较突出。

表6　调查会展企业的职业细分与专业匹配状况（2010年）

职业细分	从业人数 $f1$	专业对口人数 $f2$	专业－职业匹配率 r
会展研究	2	0	0
会展开发与项目管理	28	2	0.07
会展策划与营销	55	20	0.36
会展设计与销售、搭建运输与器材生产	1219	579	0.47
会展礼仪与服务、翻译文印与场馆商务	2746	1107	0.40
	$N=4050$	1708	$\bar{X}$ 0.30

"专业不职业"内容上是指实务技能薄弱。在会展研究、会展开发与管理、会展策划与营销、会展设计与销售、会展礼仪和服务等领域以及环节表现为没有技能积累。或者说，无法和全球化趋势下的国际会展同行开展沟通对话。操作意义上，"专业不职业"主要是过往专业学习中的实务技能训练匮乏和工作生活中所说的专业知识派不上用场。对于实务技能训练匮乏，我们采用专业学习的课内外专业实务实践时间占总学习时间的比例进行测量，通过他们回顾式的自我评估，发现有 66.0% 的被调查会展企业人员课内外实务实践比例不足 20%，这也低于 20.4% 的平均水平，更有 92.8% 的被调查者的专业实务实践仅占到少于学习支配时间的 30%，参见表7。

表7　调查会展企业的人员课内外专业实务实践比例分布

专业学习中的课内外专业实务实践比例	f	%	cf	$cf\%$
5%	12	4.8	12	4.8
10%	36	14.4	48	19.2
15%	52	20.8	100	40.0

续表

专业学习中的课内外专业实务实践比例	f	%	cf	cf%
20%	65	26.0	165	66.0
25%	43	17.2	208	83.2
30%	24	9.6	232	92.8
40%	6	2.4	238	95.2
45%	9	3.6	247	98.8
50%	3	1.2	250	100.0
	N=250		$\bar{X}$ 20.4%	

另外，对工作生活中所说的专业知识派不上用场，主要进行了主观量表测量，以反映职业化水平。职业化水平体现了从业者的职业能力、工作能力和应对能力。有时候、常常和总是如此的不良感受都是实务缺乏的表现。对抽选的250名会展企业人员的调查结果，参见表8。其中，我们发现被调查者对行业规范、职业素养以及实务技能常常感受到缺乏的综合比例分别占到47.6%、42.8%和60.4%。对工作范围、期望和判断感受到缺乏的综合比例分别占到40.8%、32%和48.4%。而对执行信息、困难应对和独立开展感受到缺乏的综合比例分别为45.2%、61.2和49.6。以上都说明了我国会展行业从业人员的职业化水平较低，专业不职业现象普遍。针对九项评价指标而言，其感受程度从来没有、很少、有时候、常常、几乎都如此的平均水平分别为25.3%、27.1%、28.3%、12.1%和7.2%。

表8 调查会展企业的人员职业化水平状况

	从来没有	很少	有时候	常常	几乎都如此	Total N-%
你是否常感觉到因为行业规范太少而无法完成你的职责	50 20.0	81 32.4	65 26.0	34 13.6	20 8.0	250 100.0
你是否常感觉到因为职业素养太少而无法完成你的职责	59 23.6	84 33.6	60 24.0	30 12.0	17 6.8	250 100.0
你是否常感觉到因为实务技能太少而无法完成你的职责	38 15.2	61 24.4	86 34.4	43 17.2	22 8.8	250 100.0

续表

	从来没有	很少	有时候	常常	几乎都如此	Total $N-\%$
你是否常感到工作范围和职责不清楚	85 34.0	63 25.2	45 18.0	38 15.2	19 7.6	250 100.0
你是否常不了解工作伙伴对你的期望	88 35.2	82 32.8	54 21.6	16 6.4	10 4.0	250 100.0
你是否常觉得在工作上做与自己判断相左的事情	60 24.0	69 27.6	90 36.0	20 8.0	11 4.4	250 100.0
对完成工作所必需的信息，你是否经常感到不足	76 30.4	61 24.4	75 30.0	25 10.0	13 5.2	250 100.0
对工作中的困难和冲突，你是否常觉得无力应付	42 16.8	55 22.0	77 30.8	43 17.2	33 13.2	250 100.0
对工作中的独立任务，你是否常感觉到无法完全胜任	72 28.8	54 21.6	84 33.6	23 9.2	17 6.8	250 100.0
$\bar{X}$	25.3	27.1	28.3	12.1	7.2	100.0
	性别差异、从业年限差异、年龄差异、受教育程度差异、细分职业差异等未做检验（T检验）					

（五）会展行业人才需求：职业取向、专业素质与专业才能

以上是从会展行业的人才状况的角度出发展开讨论，从中我们发现了眼下会展专业人才的需求特征和潜在的需求预期及方向。下面，我们从会展企业的角度，通过调查企业今后五年内的需求信息与人才规划，来讨论会展行业的人才需求。我们主要围绕以下三个方面展开：一是结合不同企业类型探讨不同的职业需求，二是结合不同的细分岗位探讨不同的专业素质需求，三是结合不同的细分实务探讨不同的专业才能需求。

1. 企业类型与职业取向

我们在上文中根据行业惯例，将会展企业类型区分为五类：会展主办方、会展承办方、会展代理方、会展场馆物流方、会展设计搭建方。五类企业各自需要或设置的职业取向不同。其中，综合不同相关研究，我们将职业取向从三个层面理解。一是技能取向，二是岗位取向，三是实务取向。表9、10、11中，对13家会展主办方企业、20家会展承办方企业、9家会展设计搭建方企业、5家会展场馆物流方、3家会展代理方企业的需求状况，从三个层面进行

了汇总。

技能取向涵盖广泛，包括核心运营技能人才、辅助专业技能人才和基础支持技能人才。可以发现，会展主办方企业主要需要会展开发与项目管理（38.7%）、策划与销售（35.0%）技能型人才。会展承办方主要需要会展策划与营销（42.6%）、设计与销售（24.5%）技能型人才。会展设计搭建方主要需要会展设计与销售（45.9%）、搭建运输与器材生产（36.4%）技能型人才。会展场馆物流方主要需要会展搭建运输与器材生产（34.7%）、翻译与场馆商务（20.4%）技能型人才。会展代理方主要需要会展礼仪与服务（34.3%）、翻译与场馆商务（15.9%）技能型人才。概而言之，会展主办方和承办方主要需要核心运营技能人才，会展设计搭建方和场馆物流方主要需要辅助专业技能人才，而会展代理方则主要需要基础支持技能人才。

表9 调查会展企业的职业－技能取向需求状况（%）

		会展主办方	会展承办方	会展设计搭建方	会展场馆物流方	会展代理方
核心运营技能	会展研究型	12.8	0	0	0	7.4
	会展开发与项目管理型	38.7	16.9	2.8	16.3	5.5
	会展策划与营销型	35.0	42.6	13.5	17.2	11.3
辅助专业技能	会展设计与销售型	13.5	24.5	45.9	11.4	10.4
	会展搭建运输与器材生产型	0	0	36.4	34.7	15.2
基础支持技能	会展礼仪与服务型	0	13.0	0	0	34.3
	会展翻译与场馆商务型	0	3.0	1.4	20.4	15.9
		100.0	100.0	100.0	100.0	100.0

对于岗位取向，由于会展辅助专业岗位、基础支持岗位过于繁多，涉及的专业背景比较广泛，不在我们本次会展专业讨论之内。我们重点关注的是会展核心运营人才。会展核心运营岗位主要包括高级岗位、中级岗位和初级岗位。高级岗位包括会展经济师、会展设计师，中级岗位包括会展项目策划师、会展项目经理，初级岗位包括会展销售、会展客户服务。其中，会展主办方企业和会展承办方企业绝大多数偏重核心运营人才的需求与储备。所以我们主要收集了这两类企业的数据。参见表10，我们发现，会展主办方企业主要需要会展项目策划师（33.5%）、会展销售（21.0%）和会展客服（20.0%）。而会展

承办方企业则主要需要会展项目经理（35.6%）、会展销售（22.0%）和会展客服（21.0%）。其中，可以发现会展销售和客服人员是初级岗位，需求量占40%以上。这些岗位没有经验要求，大多都是面向大学应届毕业生。简单讲，会展核心运营人才中对于初级岗位的需求量较大。然而，会展主办方和承办方核心运营人才最紧缺的岗位恰恰是中级岗位。

表10 调查会展企业的职业－岗位取向需求状况（%）

		会展主办方	排序	会展承办方	排序
高级岗位	会展经济师（研究）	2.9	6	0	6
	会展设计师（开发）	7.2	5	6.9	5
中级岗位	会展项目策划师（策划）	33.5	1	14.5	4
	会展项目经理（营销）	15.4	4	35.6	1
初级岗位	会展销售	21.0	2	22.0	2
	会展客服	20.0	3	21.0	3
		100.0		100.0	

对于实务取向分析如同岗位取向分析一样，由于会展辅助专业岗位、基础支持岗位过于繁多，涉及的专业背景比较广泛，不在我们本次会展专业讨论之内。我们依然重点关注的是会展核心运营人才。会展核心运营实务主要包括宏观实务、中观实务和微观实务。其中，宏观实务包括会展研究分析、会展立项策划、会展形象营销实务。中观实务包括会展招展招商、会展场馆经营和会展项目管理实务。微观实务则包括会展节事服务、会展信息服务和会展会务服务实务。通过表11，我们发现会展主办方的人才需要主要集中在宏观实务和中观实务两个层次。其中，会展形象营销实务人才和会展立项策划实务人才分别占人才需求的16.5%、14.2%。另外，会展场馆经营实务人才和会展项目管理人才也共计占到了人才需求的30%。而会展承办方的人才需求则主要集中在中观实务和微观实务两个层次。其中，会展会务服务、会展信息服务和会展节事服务的实务人才分别占人才需求的20.0%、19.0%和14.6%。会展招展招商实务人才则占到了17.6%。可见，会展主办方主要需要宏观和中观实务人才，而会展承办方则主要需要微观和中观实务人才。

表 11　调查会展企业的职业－实务取向需求状况（%）

		会展主办方	排序	会展承办方	排序
宏观实务	会展研究分析	9.9	6	0	9
	会展立项策划	14.2	4	1.3	8
	会展形象营销	16.5	1	3.6	7
中观实务	会展招展招商	12.5	5	14.5	5
	会展场馆经营	15.4	2	17.6	3
	会展项目管理	14.6	3	12.4	6
微观实务	会展节事服务	6.0	7	14.6	4
	会展信息服务	5.0	9	19.0	2
	会展会务服务	5.9	8	20.0	1
		100.0		100.0	

2. 岗位细分与专业素质

对于会展专业人才的专业素质需求，我们主要根据岗位细分，通过学历水平需求和工作经验需求进行操作测量。就学历水平需求而言，由表 12 可见，会展研究人员基本上只需要硕士和博士，大多需要博士学历的专业人才（61.2%）。会展开发人员和策划人员则都以需要硕士为主，分别占到 60.7%、55.9%。而主责营销的会展项目经理对于本科人才和硕士人才的需求几乎相当，各占 40.3%、44.5%。初级岗位的销售、客服人才的需要，则主要以高职大专和本科人才为主，分别为 50.6% 和 40.6%、57.2% 和 39.4%。高职或大专人才的平均需求接近 20%，硕博人才平均需求约 50%，而本科人才需求近 30%。从平均水平上看，已经显现出今后将偏重于硕士人才的需要趋势。

表 12　调查会展企业细分岗位的专业素质－学历水平需求状况（%）

		学历水平				Total
		高职或大专	本科	硕士	博士	
高级岗位	会展经济师（研究）	0	4.4	34.4	61.2	100.0
	会展设计师（开发）	0.8	10.8	60.7	27.7	100.0
中级岗位	会展项目策划师（策划）	2.5	31.1	55.9	10.5	100.0
	会展项目经理（营销）	7.4	40.3	44.5	7.8	100.0
初级岗位	会展销售	50.6	40.6	8.2	0.6	100.0
	会展客服	57.2	39.4	3.4	0	100.0
	$\bar{X}$	19.9	27.7	34.5	17.9	100.0

就工作经验来看，参见表13，企业的需求偏好于具有3-5年工作经验的人才（31.3%）。部分岗位对于工作经验的要求不同，高级岗位要求最高，50%左右的人才需求需要6年以上的工作经验。平均45%的中级岗位主要需要具有3-5年的工作经验。而初级岗位对于工作经验的要求比较低，基本接近50%的人才需求可以无工作经验。总之，会展专业核心运营人才的中高级岗位对工作经验的要求特别突出，并逐渐增强。会展经济师和设计师绝大部分需要6-9年工作经验，会展项目策划师和项目经理绝大部分需要3-5年工作经验。对于刚刚毕业的大学生而言，在这个行业里只有从零做起，接受初级岗位，从事会展销售和客服工作。

表13 调查会展企业细分岗位的专业素质－工作经验需求状况（%）

		工作经验					Total
		0年	1-2年	3-5年	6-9年	10年以上	
高级岗位	会展经济师（研究）	0	8.9	32.6	45.4	13.1	100.0
	会展设计师（开发）	0	12.8	35.7	43.8	7.7	100.0
会展销售	会展项目策划师（策划）	0	18.4	38.2	30.9	12.5	100.0
	会展项目经理（营销）	0	22.6	50.7	24.3	2.4	100.0
会展客服		35.6	45.8	12.6	6.0	0	100.0
		47.6	34.2	18.2	0	0	100.0
	$\bar{X}$	13.9	23.8	31.3	25.1	5.9	100.0

3. 实务细分与专业才能

对于会展专业人才的专业才能需求，我们主要根据实务细分，通过领域专才需求和指标技能需求进行操作测量。

专业人才可以理解为领域专才，我们区分出现有会展行业中的10类专才：经济类、管理类、贸易类、营销类、旅游类、艺术类、语言类、文化类、计算机类、工程类。从表14中，我们可以发现，在平均水平上，人才需求比例10%之上的领域专才主要包括管理（11.7%）、贸易（12.2%）、营销（12.8%）、旅游（13.8）和经济（15.6%）。宏观实务人才需求主要集中在经济（35.0%）、艺术（20.0）和营销（25.0%）三个领域。中观实务人才需求主要集中在贸易（20.0%）、经济（20.0%）、管理（25.0%）、和旅游

（20%）四个领域。而微观实务人才需求则主要集中在旅游（20%）、文化（20.0%）、计算机（20.0%）、语言（20.0%）四个领域。概括而言，会展专业细分实务下对于领域专才的需求则主要集中在经济类、旅游类、艺术类和贸易类。当然，会展专业人才需求中，营销类、管理类、语言类和文化类的人才，也占有很强的优势。

表14 调查会展企业细分实务的专业才能－领域专才需求状况（%）

		领域专才									Total
		经济类	管理类	贸易类	营销类	旅游类	艺术类	语言类	文化类	计算机类	工程类	
宏观实务	会展研究分析	35.0	15.0	10.0	10.0	10.0	5.0	5.0	5.0	0.0	5.0	100.0
	会展立项策划	20.0	10.0	10.0	5.0	15.0	20.0	5.0	5.0	0.0	10.0	100.0
	会展形象营销	10.0	5.0	5.0	25.0	15.0	20.0	10.0	5.0	5.0	0.0	100.0
中观实务	会展招展招商	10.0	5.0	20.0	15.0	10.0	5.0	10.0	15.0	5.0	5.0	100.0
	会展场馆经营	20.0	15.0	20.0	15.0	10.0	0.0	5.0	5.0	5.0	5.0	100.0
	会展项目管理	10.0	25.0	15.0	15.0	20.0	5.0	5.0	5.0	0.0	0.0	100.0
微观实务	会展节事服务	15.0	10.0	5.0	10.0	20.0	5.0	20.0	10.0	0.0	5.0	100.0
	会展信息服务	10.0	5.0	15.0	15.0	5.0	5.0	10.0	20.0	5.0	10.0	100.0
	会展会务服务	10.0	15.0	5.0	5.0	20.0	15.0	20.0	5.0	5.0	0.0	100.0
	$\bar{X}$	15.6	11.7	12.2	12.8	13.8	8.4	6.1	8.9	6.1	4.4	100.0

我们将专业技能区分为20项指标，让被调查的会展企业围绕不同类型的实务人才选择10项技能并进行排序。我们发现，宏观与中观实务人才需求的技能有5项交叉，分别是：创新攻关、品牌开拓、公关推广、应变抗压、人才资源技能。中观与微观实务人才需求的技能有4项交叉，分别是经营执行、应变抗压、环境适应和沟通交流技能。而应变抗压技能则是三个层次都需要的技能。详见表15。

表15 调查会展企业细分实务的专业才能－指标技能需求状况（%）

技能指标	实务细分					
	宏观实务		中观实务		微观实务	
研究分析技能	62.6		3	33.8		3.6
策划开发技能	70.1		2	21.2		5.7
创新攻关技能	53.4		4	40.8	9	6.2

续表

技能指标	实务细分				
	宏观实务		中观实务		微观实务
设计规划技能	73.9	1	23.5		2.6
市场营销技能	51.4	5	42.7		5.9
品牌开拓技能	48.5	6	47.3	6	4.2
公关推广技能	32.3	9	62.1	3	5.6
经营执行技能	26.7		62.0	4	11.3	10
管理运作技能	20.3		75.3	1	4.4
组织协调技能	28.7		69.6	2	1.7
应变抗压技能	37.9	7	47.3	7	14.8	9
人才资源技能	37.5	8	60.2	5	2.3
服务操作技能	10.8		27.5		61.7	3
环境适应技能	15.4		39.6	10	45.0	5
危机处理技能	27.6		36.2		36.2	7
沟通交流技能	15.5		41.5	8	43.0	6
文案处理技能	12.7		24.4		62.9	1
外语运用技能	30.5	10	33.7		35.8	8
关系维护技能	17.3		32.1		50.6	4
信息服务技能	9.3		28.4		62.3	2
任选10项后的排序		排序Ⅰ		排序Ⅱ		排序Ⅲ

四、基本结论与思考

（一）基本结论

通过抽样调查上海市50家会展企业以及250名工作人员所获得的资料，我们从会展企业的人才状况和会展企业的需求规划两个层面对需求状况、需求特征以及潜在的预期和方向进行分析，得出以下结论。

第一，就人才规模状况而言，会展人才需求呈现出数量不断增长和缺口不断放大的趋势。随着上海金融中心、港口中心、贸易中心的建设推进，上海世博会之后的国际展会也必将迅速增加，这应当是人才需求增长的外生性动力。会展人才缺口的不断放大则是由于上海会展经济的发展以及会展业的扩大而产生的人才需求的内生性因素而引致。

第二，从人才分布状况而言，一方面表现为核心专业人才缺乏。这将是制约今后上海会展业发展的瓶颈，从克服瓶颈的角度来看，未来核心专业人才将是今后的重要需求，乃至主导需求。另一方面表现为会展行业从业人员学科背景以及学历层次较大的差异。这种专业背景的层次差异状况，也被学界及业界理解为复合型和交叉性的特征，其实质还在于会展行业的"链条"需求。从这一角度来看，今后的会展专业人才需求也必将是差异式人才需求。

第三，从人才困境状况来看，一方面"职业不专业"现象比较突出。其一，会展行业的"门槛"起点由低到高，学历层次各不相同，高中和中专学历所占比重较大，总体上学历层次较低。低门槛现象也反映出当前会展行业内企业的层次不齐状况。其二，会展行业专业－职业匹配率平均水平很低，从业人员的专业不对口是其另一表现。总体上，这种专业知识支持匮乏决定了今后的人才需求方向，这就是专业化。简单而言，高学历层次和对口专业教育背景不可或缺，将会成为人才需求和遴选的核心指标。另一方面"专业不职业"现象也比较严重。其一，求学期间课内外专业实务实践时间的支配比较低，这也导致实践经验的缺乏。其二，工作期间专业知识派不上用场的状况比较普遍，这也说明从业人员的职业化水平较低。总体上，这种实务技能薄弱也决定了今后的人才需求方向，这就是职业化。简单而言，实践经验和职业技能也不可或缺，也将成为人才需求和遴选的核心指标。

第四，会展企业类型不同，职业需求取向不同。其一，从职业技能取向角度来看，会展主办方和承办方主要需要核心运营技能人才，会展设计搭建方和场馆物流方主要需要辅助专业技能人才，而会展代理方则主要需要基础支持技能人才。其二，从职业岗位取向角度来看，会展核心运营人才中对于初级岗位的需求量较大。然而，会展主办方和承办方核心运营人才最紧缺的岗位恰恰是中级岗位。其三，从职业实务取向角度来看，会展主办方主要需要宏观和中观实务人才，而会展承办方则主要需要微观和中观实务人才。

第五，会展核心运营企业（主办方和承办方）职业岗位不同，人才需求的专业素质要求不同。一是从学历水平上看，会展研究人员基本上只需要硕士和博士，会展开发人员和策划人员则都以需要硕士为主，而主责营销的会展项目经理对于本科人才和硕士人才的需求几乎相当，初级岗位的销售、客服人才的需要，则主要以高职大专和本科人才为主。从中，也可以看出人才需求的研究生化趋势明显，硕博人才需求的比例高于50%。而高职大专人才也实现了崛起，占据了人才需求的1/5。二是从工作经验上看，中高级岗位对工作经验的要求特别突出，并逐渐增强。会展经济师和设计师绝大部分需要6－9年工作经验，会展项目策划师和项目经理绝大部分需要 3-5 年工作经验。对于刚刚毕业的大学生而言，在这个行业里只有从零做起，接受初级岗位，从事会展销售和客服工作。

第六，会展核心运营企业职业实务不同，人才需求的专业才能要求不同。一是从专才领域的角度看，会展企业对于领域专才的需求则主要集中在经济类、旅游类、艺术类和贸易类。其中，宏观实务（研究分析、立项策划和形象营销）侧重经济类人才，中观实务（招展招商、场馆经营和项目管理）侧重贸易类人才，而微观实务（节事、信息和会务服务）侧重旅游类人才。另外，会展专业人才需求中，营销类、管理类、语言类和文化类的人才，也占有一定的优势。二是从专业技能的角度看，宏观实务人才需求的技能前 5 项，依次如下：设计规划技能、策划开发技能、研究分析技能、创新攻关技能、市场营销技能。中观实务人才需求的技能前 5 项依次为：管理运作技能、组织协调技能、公关推广技能、经营执行技能、人才资源技能。而微观实务人才需求的技能前 5 项分别是：文案处理技能、信息服务技能、服务操作技能、关系维护技能、环境适应技能。其中，宏观与中观实务人才需求的技能交叉 5 五项，分别是：创新攻关、品牌开拓、公关推广、应变抗压、人才资源技能。中观与微观实务人才需求的技能交叉 4 项：经营执行、应变抗压、环境适应和沟通交流技能。

（二）思考

以上基本的结论只是基于研究分析结果的讨论，有些问题还是模糊不清的。我们认为有必要进一步思考以下问题。一是通过复合型人才来应对人才需求的差异，可行吗？就目前来看，复合型人才培养没有一所高校能够做到，复合变成了名称统合。二是大学的实践教学为什么没有奏效？启动职业资格考试又会不会有用？就当前评价而言，很多大学实践教学名目多而时间和实施都存在形式化问题。职业资格授予肯定有用，会强化实践操作，但培训又比较独立。三是从业人员职业化水平是否因性别、年龄、受教育程度、从业年限、职业细分而异？可以说是肯定的，只是我们没有进行差异检验。可以假想，年龄、受教育程度、从业年限对于职业化水平有着一定的影响。四是在人才需求研究生化趋势中，高职大专人才也实现了崛起，占据了人才需求的 20%，本科人才的需求空间是否受到了挤占和排斥？答案也是肯定的。这里也隐含了一个现实，本科要技能不如高职，要学历不如研究生。五是专业技能是否和专业素质相联系？我们想也应是的。专业技能离不开学历水平，更离不开工作经验。这些都是共识。然而，真正的专业技能到底如何掌握和提升，才是实质问题。这些都是未尽的思考，期待今后的讨论，更期待行业内涌现出越来越多的专业人才。在访问中，有业内人士开玩笑讲："把大学生放到企业里来培养，才出真正的人才"。事实上，问题的核心离不开大学专业教育，教育制度、教育机制、教学定位、教学师资、教学手段和方法、教学资源等等问题都是值得探讨和尝试创新改革的，问题的关键在于大学要引领和服务社会，而不能只是按照满足企业当下的人才需求的标准培养高层次的专业人才。

4 "十一五"期间上海会展业发展情况

根据上海市"十一五"规划提出的"要培育国际会展品牌,发展都市特色旅游产品,建设若干大型旅游基础设施,推动会展旅游业与相关产业整合发展",随着上海国民经济的持续发展,上海会展业也已初步进入到规模、质量和效益同步提升,国际化、专业化、市场化程度逐年提高的发展阶段。

会展业的发展有效地带动了上海经济增长和产业结构调整。通过展会活动,传播了许多经济和社会发展的新理念,也进一步提升了上海城市的影响力和辐射力,对经济和社会发展发挥了直接和间接的乘数效应。会展业成为了上海服务长三角、服务全国的重要平台。2010年上海世博会的成功举办更进一步推动上海成为中国重要的会展中心城市之一。

4.1 发展概况

"十一五"期间,上海会展业发展迅速,基本形成了以展览为主的"大会展"发展格局,展览、会议、节事活动和奖励旅游等呈现全面发展的态势。会展的产业链渐趋健全,围绕会展活动的上、中、下游产业齐头并进,具体表现为:

(一)展览会规模和质量增长迅速。

2010年,上海举办的展览会项目642个,比"十一五"初期2005年的400个增长了60.5%;总展出面积804万m^2,比2005年的398万m^2增长了102%;2010年各类展览会参展商总数达23.48万家,参展、参观人数近1032.5万人次,在全国位居第一位。其中,在上海十个主要展览场馆举办国际展览会232个,展览面积577.5万m^2,5万m^2以上的达到40个,10万m^2以上的达到10个;举办国内展览会410个,展览面积226.5万m^2。

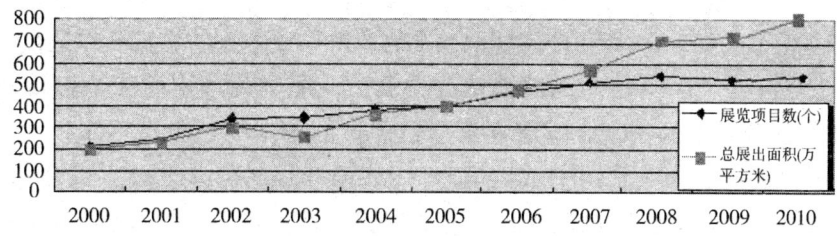

2000–2010 上海展览会项目数量及展览面积

"十一五"期间,上海国际展览会项目经过整合和市场化运作,在项目数量方面有所压缩,但项目的规模发展较快。2010年比"十五"末的2005年增长61%。

2005–2010 国际展览会规模分类比较表

指标		2005年	2006年	2007年	2008年	2009年	2010年
举办国际会展项目（个）		276	295	309	294	243	232
其中	5万 m^2 以上（个）	15	23	25	34	31	33
	1–5万 m^2（个）	105	106	119	131	108	105
	1万 m^2 以下（个）	156	166	165	129	104	94
国际会展展出总面积（万 m^2）		376	434	475	596.69	560.44	577.5
其中境外参展面积比例（%）		23.11	24.06	25.99	24.5	24.6	25.5
平均每个国际展览会项目面积（万 m^2）		1.36	1.47	1.54	2.03	2.3	2.5
年参展商总数（万人）		17.62	15.25	16.2	16.4	15.1	15.98
其中	境外参展商（万人）	4.21	3.82	4.21	4.03	3.26	3.49
年参观总人次数（万人次）		759.85	884.86	907.08	831.04	774	812.5
其中	境外参观人次数（万人次）	45.54	51.14	53.44	62.01	56.48	59.94

2008年末至2009年，全球金融风暴的袭击导致上海的展览会在数量上有所减少。但在党中央拉动内需政策的鼓舞下，展览总展出面积依旧增长了2.3%。随着场馆的扩大，上海展览项目展出的单体面积也在不断扩大，至2009年上海展览会超过10万 m² 的项目已达12个，2010年已经达到16个。

而在参展商方面，除因2008年末至2009年受全球金融危机影响导致境外参展商数量略有波动外，整体呈现平稳上升的态势。

总体来说，上海展览项目呈现以下特点：

1. 国内展览会发展速度较快

近五年，上海各类展览会的展出总面积已翻了一番，从2005年的400万 m² 上升到2010年的804万 m²。其中，国际展览会展出总面积从376万 m² 上升到577.5万 m²，升幅达54%。同期，国内展览会则从24万 m² 急速上升到226.5万 m²，增长了8.4倍。显然，这五年国内展的发展速度高于国际展，是不可忽视的市场商机。

国际与国内展项目与规模比较表

年度	国际展		国内展	
	项目数（个）	展出总面积（万 m²）	项目数（个）	展出总面积（万 m²）
2005年	276	376	124	24
2010年	232	577.5	410	226.5

2. 大型国际展览会发展速度较快

从（表一）中可以发现，这五年内单项规模在5万 m² 以上的国际展项目数量翻了一番，展出总面积增长了2.05倍。单项规模在5万 m² 以内的每年稳定在200－270个左右，每年的展出面积则稳定在250－280万 m² 之间。这表明，上海的单项国际展在5万 m² 以上的发展速度较快，这也成为引发上海特大型展馆严重不足的原因之一。

而对于单项5万 m² 以内的国际展览会，不论项目数还是当年展出总面积，都有相对稳定的市场份额。上海2010年和2009年单项规模在3－5万 m² 的国际展均为18个，展出总面积分别为66.23万 m² 和60.8万 m²。也就是说，上海每年举办单项规模在3万 m² 以内的中小型国际展均有200多万 m² 的市场份额。

（二）会议的规模和层次不断提高

"十一五"期间，上海每年举办的各类会议（论坛）超过1万个，其中比较有影响力的国际性会议达到 260 个，年均增长 20%。

2006 年，上海举办的各类会议以国际政治型会议和学术性会议为主。到了 2007 年，在上海举办的国际性会议则以学术性和专业性会议（论坛）为主。

2008 年，在上海举办的国际性会议、论坛的专业化、国际化程度有所提升。例如，首届陆家嘴论坛、第五届国际金融论坛、2008 年中国上海国际节能减排论坛、2008 年纳米电子学国际会议、2008 年国际药物代谢学会亚太地区大会、第六届物流技术与装备国际学术会议、2008 年上海国际检验医学学术会议、第二届上海国家骨科学术会议等专业国际会议等，都在国际上造成了一定的影响力。

2009 年，此类国际性会议的规模和影响力又有了进一步的提高。一些具有较大影响力的国际会议和国际知名企业在上海举办研讨会的数量日渐增加。而由于全球排名前 100 名的工业型跨国公司已有半数云集上海，一些全球经济会议也纷纷选择在上海举行。

2010 年，在 100 多个国际国内协会来沪举办国际性会议中，以设计展览展示、文化艺术的国际协会居多，例如：国际博物馆协会、国际展览服务联盟、国际艺术设计院校联盟、亚洲表演艺术节联盟、世界华人建筑师协会、世博会主办城市和地区协会等，其中仅国际博物馆协会就协同了十几个分支机构和专业委员会来沪举办国际博物馆大会，与会人数超过 3500 人。

随着上海各类会议设施的不断改善和会务服务水平的不断提高，一些重要的国际性会议，如上海合作组织峰会、非洲开发银行理事会年会、世界翻译大会、万国禁烟会百年纪念活动等纷纷选择在上海召开，一些重要的国际性组织和世界 500 强跨国公司也将其重要活动或年会迁至上海召开。

（三）节事活动的种类和品牌效应不断扩大

"十一五"期间，上海每年举办的重大节事活动 100 多场，涉及到文化、艺术、体育、旅游等多个类别，形成了以上海艺术节、旅游节、购物节、服装节等四大节为主，各类民俗文化、旅游休闲、节日庆典活动为辅的节事活动体系，既丰富了城乡居民的文化生活，吸引了国内外游客，也进一步提升了上海城市发展的品牌效应和国际影响力。

【中国上海国际艺术节】自 1999 年至今，中国上海国际艺术节坚持"艺术的盛会、人民大众的节日"的办节宗旨，高举"经典一流"和"探索创新"两面旗帜，形成舞台演出、群众文化活动、展览博览、演出交易会、学术论坛和"节中节"六大板块艺术活动，走过了十年辉煌历程。

【上海国际电影节】上海国际电影节创办于 1993 年，是中国唯一获国际电影制片人协会认可的国际 A 类电影节。依托于中国电影产业的快速发展和电影产业的全球化趋势，围绕评奖、市场、论坛、展映四大主体活动，构建国际平台，推动中国电影产业发展以及中外电影业界交流合作。

【上海国际电视节】经过二十多年品牌打造，电视节发挥出集聚和资源优势，推动国际合作，坚持前瞻性、国际性的特色，着力加强专业性、亲民性和互动性，在传承中锐意创新，在业界享有广泛的声誉和影响力。

【上海国际旅游节】以"人民大众的节日"为定位，以"走进美好与欢乐"为主题，通过观光、休闲、娱乐、文体、会展、美食、购物等几个大类多姿多彩的特色旅游产品和近百项活动，集中展示了上海的都市风光、都市文化和都市商业。上海旅游节已经成为上海市一项固定的全市性大型节庆活动，每年吸引 800 余万市民和游客。

【上海国际文化节】以吸收世界优秀文化、弘扬中华民族艺术、推动中外文化交流为宗旨，是我国最高规格的对外文化交流节庆活动之一。

【上海国际服装文化节】2010 上海国际服装文化节进一步联手全市中心城区、行业协会、品牌企业、商业集团开展了持续一个半月的各种促进内需的大营销活动。以丰富多彩的商贸营销活动带动人气、制造热点，迎来"消费复苏的春天"，其营销范围之广、力度之大，在迄今已举办的 16 届上海国际服装文化节中首屈一指。

【上海购物节】由上海市商务委主办的 2010 年上海购物节于 9 月 10 日至 9 月 17 日举办，主题为"华彩世博夜、滨江风情秀"。围绕"世界风"、"中华情"、"上海韵"三大主线，推出了 500 多项主题活动，以优异的商业服务保障世博、服务世博，扩大消费，提升形象。

自 2007 年上海购物节首次举办以来，连续三年分别实现全市社会消费品零售总额 256 亿元、306 亿元和 372 亿元，同比增长为 18.7%、19.5% 和 21.6%，均创同期历史新高。

本届购物节最突出的特点是服务世博盛会，世博园区内外联动。今年购物节突出了国际、高雅、时尚的内涵，展现上海一流商业设施、一流商业质量、一流服务水平、一流消费环境。

【上海科技节】在上海科技节的积极推动作用下，通过市区联动，联合各方资源，上海市初步形成了以科技馆为龙头、以专题性科普场馆为骨干和以基础性科普教育基地为支撑的多元化、多类别的科普教育基地网络。

(四)上海已成为国内外奖励旅游目的地之一

近年来,上海致力于上海会议商务奖励旅游市场的开发,连续三届举办奖励旅游大会,制定奖励旅游线路、加强奖励旅游营销、搭建奖励旅游平台、调动企业积极参与、拓展奖励旅游市场,努力打造上海成为中国乃至亚洲重要的会议商务旅游目的地城市之一,吸引全世界各行业的会议商务活动在上海举办。

2009年,上海共接待了国内旅游人数1.24亿人次,入境旅游人数619万人次,旅游外汇收入超过50亿美元。2010年世博会在上海的举办,吸引了超过7000万人次的国内外游客参观,不仅在世博期间为上海带来了远超往年的奖励旅游团队,也在国际上打造了上海的城市名片,进一步提高了上海的国际知名度,极大地推动了上海奖励旅游行业的发展。

随着上海城市交通体系的不断改善,宾馆、酒店、休闲娱乐等各项服务设施的日趋完善以及各类文化、艺术市场的蓬勃发展,上海已逐步发展成为境内外旅游的集散地和目的地之一,并带动了整个长三角地区旅游、休闲度假等服务业发展。以国际经济、金融、贸易、航运中心为依托,以2010年世博会为契机,充分发挥国际大都市的优势,全力打造具有国际影响的奖励旅游目的地,成为深化上海发展的主要模式。

(五)会展企业及会展场馆设施进一步发展

截至2010年底,在上海注册的与会展相关的企业近3000家,其中主营会展业务的企业约700余家,80%以上为非公企业,汉诺威、慕尼黑、法兰克福等国际主要展览企业均已在上海成立了独资企业。

2009年,上海共有各类展览场馆10个,室内总展览面积为26.8万m^2,其中单体面积超过10万m^2的展馆只有新国际博览中心一个;3-5万m^2的有2个,分别为光大会展中心和汽车会展中心;1-3万m^2的有3个。

2009年上海主要展览场馆规模表

场馆名称	室内分馆	分馆面积(m^2)	总面积(m^2)
新国际博览中心	11个分馆	11500	126500
光大展览中心	西一	7700	31400
	西二	8100	
	西三	8100	
	东一	7500	

续表

场馆名称	室内分馆	分馆面积（m²）	总面积（m²）
世贸商城	一	6200	21800
	三	5400	
	四	8200	
	七	2000	
国际展览中心	一	6000	12000
	二	6000	
汽车会展中心	南	12000	30000
	北	12000	
	其他	6000	
展览中心	中央	5424	21743
	东一	6528	
	西一	7246	
	西二	2545	
东亚展览馆		4500	4500
浦东展览馆		10000	10000
农业展览馆		7600	7600
国际会议中心			2738
		合计：	268281

2010年末，上海拥有主要展览场馆11个，总展览面积为34.82万 m²，其中单体面积超过10万 m²的展馆1个，3-10万 m²的有3个，1-3万 m²的有3个。世博会的举办为上海留下了主题馆、演艺中心和世博中心等一批会展设施。上海世博展览馆（世博主题馆）有8.1万 m²可供使用。

2010年底上海展览场馆情况表

所在区域	场馆名称	结构	可供展览面积（万 m²）	
			已建	在建
浦东	新国际博览中心	一层	12.65	2.3
	浦东展览馆	四层	0.9	
	上海国际会议中心	底层	0.27	
	世博会主题馆	三层	8.1	

续表

所在区域	场馆名称	结构	可供展览面积（万 m²）	
			已建	在建
静安区	上海展览中心	二层	2.17	拟转型
长宁区	上海世贸商城	七层	2.18	
	上海国际展览中心	二层	1.2	
	上海农展馆	三层	0.76	
徐汇区	东亚展览馆	二层	0.45	
	上海光大会展中心	三层	3.14	
嘉定区	汽车会展中心	一层	3	拟转型
合计			34.82	2.3

（六）会展专业人才的培养渐成体系

在会展教育方面，目前48所学校的专业设置主要有两大门类：一是会展管理及营销类专业，二是会展艺术设计类专业。在校学生5000余名，其中大学本科类学校九所，在校学生近1926名。上海还有高职和大专类学校26所，在校学生3792名，以民办学校为主，主要培养对象为会展企业管理及技术设计人才；中专11所，主要培养会展实际操作人员。

上海高校本科会展学生调查汇总表（本科）

编号	院校名称	开设时间	毕业学生					在读学生					
			届数	07届	08届	09届	总数	班级	06级	07级	08级	09级	总数
1	上海对外贸易学院	2003	3	65	55	72	192	4	76	78	79	69	302
2	上海工程技术大学	2003	2	60	60		120	7	70	70	70	41	251
3	上海师范大学	2004	2		73	81	154	8	78	79	82	80	319
4	东华大学	2005	1			39	39	4	17	35	35	35	122
5	上海大学	2005	1			45	45	4	34	30	28	35	127
6	第二工业大学	2005						7	47	78	80	80	285

续表

编号	院校名称	开设时间	毕业学生					在读学生					
			届数	07届	08届	09届	总数	班级	06级	07级	08级	09级	总数
7	上海应用技术学院	2005	2		25	23	48	6	80	80	45	41	246
8	复旦太平洋金融学院	2005	1			190	190	2	60				60
	复旦上海视觉艺术学院	2005	1			24	24	7	58	60	48	28	194
9	华东师范大学	2009						1				20	20
合计			13	125	213	474	812	50	520	510	467	429	1926

相比会展学历教育而言，上海的会展职业认证培训走在全国各省市的前列。华东师范大学与上海市会展行业协会联合组办的华东师范大学上海会展学院，主要面向业内就业人员的在职培训。从 2005 年起，经上海市人事局批准，由上海市职业能力考试院、上海世博人才发展中心、上海市会展行业协会联合组织《上海市会展管理专业技术水平认定》工作，并由华东师范大学上海会展学院进行教育培训。经过非学历教育培训，目前已有近 122 名会展人士获得了中（助理）级职称，66 名会展人士获得了高级职称，第三批高级职称的考核工作也已在 2010 年正式启动。

会展行业的学历教育和业内培训不局限于会展专业知识的培训，结合会展行业各领域不同需求，增设了劳资法规、企业信用管理、场馆安全、会展税收、礼仪接待等一系列专题培训。会展企业管理和展示工程及场馆等人员接受强化培训和继续教育，行业整体队伍素质得到不断的提升。

2009 年，上海市会展行业协会在上海市社会工作党委、上海市社会团体管理局、上海市浦东新区劳动和社会保障局的支持下，成功举办了上海会展行业"牵手校企，对接世博"人才招聘会。为会展企业、学校搭建了产学直通的平台，受到会展行业各方的积极响应和良好评价。

（七）会展企业全力投入世博会

"十一五"的五年，正是举世瞩目的 2010 上海世博会从紧张的筹备、建设期进入正式开幕后的运营管理期。上海的会展机构通过各种方式传播世博知识，营造世博氛围，从 2006 年开始全面进军世博会。据统计，仅上海市会展行业协会的会员单位就有36家企业经过全球范围的招投标竞争,获得了"2010上海世博会推荐服务商"和"2010上海世博会受援国指定服务供应商"的资格,并分别承揽了44个世博会综合馆、21个国内馆和99个境外馆的工程建设、展馆或展项的设计、展示内容策划施工、运营管理和26场大型活动的组织等任务(见附表),为举办一个"成功、精彩、难忘"的上海世博会作出了应有的贡献。毫无疑问,上海会展业在全面参与世博、服务世博的过程中,磨炼了自己,取得了经验,提升了行业的整体水平。世博会的先进理念和高科技、低碳、环保的办展形式,也在世博后的上海会展业得到传授和运用。

4.2 主要特点

"十一五"期间,上海会展活动的总体水平不断提升,主要呈现出三个"明显提高":

(一)国际化、专业化、市场化程度明显提高

1. 国际化程度明显提高。随着上海城市综合服务功能的提升和会展发展环境的不断改善,越来越多的国际性展会愿意来上海举办。目前,国外大多数知名展会均已落户上海。

2009年在上海举办的各类展览会中,国际展览会的数量和面积分别占44.2%和77.5%,比2005年分别提高了6个百分点和36个百分点。境外参展商的比重由2005年的23.1%提高到24.6%,列全国会展城市之首。2010年,国际展览会的数量和面积在上海举办的各类展览会中分别占36.1%和71.8%。境外参展商的比重提高到25.5%(见表六)。

表六 2005-2010年上海国际展览会境外参展商比例表

年份	2005	2006	2007	2008	2009	2010
境外参展面积比例(%)	23.11	24.06	25.99	24.5	24.6	25.5

"十一五"末期,每年在上海召开的各类会议(论坛)中,比较有影响力的国际性会议超过220个,年均增长20%。国际性会议中的境外参会人数的比重也逐年提高。目前,上海举办的许多重要节事活动已突破了传统的本土节庆,逐步向国际化、品牌化延伸。

2. 专业化水平明显提高。随着产业分工的不断细化,会展业的专业化程度也在不断提高。"十一五"期间,在上海举办的各类展览会中,综合性展会的比重持续下降,专业性展会的比重逐年上升,至2010年已近90%,形成了

上海书展、假日楼市、汽车展、家具展、建材展、海事展、美容展、婚纱展、家纺展等一批重要的专业性例展。低碳、环保、节能类与产业结构调整相适应的展览会项目数量明显增加。

另外，会议（论坛）的专业化程度也日趋明显。"十一五"期间，上海举办了非洲开发银行理事会、国际金融论坛、陆家嘴论坛等一批重要的专业性国际会议（论坛），各类学术性国际会议和行业领域内的专业性会议更是举不胜数。各类节事活动的专业化水平也进一步提高。

3. 市场化程度明显提高。"十一五"期间，上海会展业的运营及管理加快了向市场化方向迈进的速度。目前，在上海举办的各类展览和会议（论坛）中，90%以上采用市场化方式进行运作，市场化程度已呈现较高水准。一些政府主办或支持的展会也开始逐步走向市场化，上海的国际展览会除华交会、工博会、跨采大会等由政府主办外，其它的国际展览会均由企业自主运作。在市场经济体制下各企业参与公平竞争，促进发展。另一方面，政府主办的展览会在组织、管理方面的市场化程度也在不断提高。政府积极转变职能，以宏观调控为主，结合市场制定出符合会展业发展的规章制度，积极调控会展业发展方向，促进会展业的国际化、品牌化和市场化的进一步发展。政府市场化运作也为上海世博会的筹办提供了经验。同时，各类节事活动的市场化程度有了显著的提高，活动主题更加突出，更加贴近市场需求和客商或消费者的需要。

上海在会展活动的组织方面已逐步形成一整套较为完善的策划、宣传、运作的市场化机制，形成了一批市场化程度较高、竞争力较强的重要品牌会展项目。在会展行业管理方面，成立了市会展行业协会，逐步由以政府审批管理为主向以行业协会开展行业自律的方向转变。

（二）会展项目的质量和水平明显提高

为推动上海的国际展览会做大做强且更具国际竞争力，业内一直在为打造国际品牌展会而努力。2005年，在原市外经贸委的领导和支持下，对本市国际展览会29个不同类型、规模的项目进行了试评估工作。通过2006年展会信息采集和数据调研、2007年的正式实施，截止2009年，已获得称号的上海国际展览会品牌展有23个、优秀展有39个。这62个项目中涉及信息技术、先进制造业、新能源、新材料、生物医药和现代服务业等领域的有近50个，占了品牌优秀项目总数的80%以上（见附表）。这些展览会的主流内容是经过历届不断的积累、薪火相承，具备了各自的品牌优势，见证了各自行业发展的历程和辉煌，在专业领域内起到了引领繁荣、发展的作用。作为上海国际展览项目的品牌代表，这些项目也将成为最具国际竞争力的展会，成为上海会展近三十年来发展最佳名片，为上海产业结构的转型起到很大的促进作用。

"十一五"期间，上海形成了一批系列性的专业会议和学术会议，规模逐年扩大，到会人员的层次越来越高。如市长咨询会议、陆家嘴金融论坛、中国国际节能减排论坛、纳米电子学国际会议、上海国际检疫医学学术会议、国际药物代谢学会亚太地区大会、国际商会年会、财富500强论坛、环太平洋论坛年会等，都已在国际上造成了一定的影响。2010年，上海在世博会期间举办了大量的相关会议和论坛，大大提升了上海会议产业的数量和质量，对"十二五"期间上海会议产业的发展具有深远影响。

（三）重大节事活动的影响力明显提高

目前较有影响力的八大节事活动主题鲜明，运作机制灵活，吸引了境外众多客商。如2009年10月的第十一届中国上海国际艺术节，不仅规模大，且形式创新，成效为历届之最，交易成功率翻番，最终达成演出意向500多项。同时，还开通了网络展厅面向全社会展示，获得了境内外客商的好评。2010年上海世博会这个全世界范围的节事活动的成功举办，上海积累了宝贵的经验，节事活动的举办创意和操作能力进一步和国际接轨。

4.3 存在问题

"十一五"期间，上海会展业在发展过程中取得了相当多的成绩。但与国际著名会展城市和国内主要会展城市相比，上海会展业仍存在着一些不足。

（一）场馆建设有待加快

据不完全统计，在国内展馆面积排名中，上海的展馆总面积以及单体大型的展览中心面积在逐年下降。随着上海展览项目规模的逐年上升，上海的大型展馆显现出供不应求的市场局面。目前，除了新国际博览中心外，其他场馆均相对较小，基本都是多层结构且布局分散，既不规范，周边的配套交通也不完善。因此，上海展览会3万m^2以上的项目都只能在新国际博览中心举办，造成新国际博览中心长期处于超负荷运转的状态。此外，上海能够承担大型国际性会议的除了部分五星级酒店外，只有国际会议中心能够容纳1500人以上。

现有展览场馆供给难以满足上海展览业快速扩张的需求，特大型展馆的不足制约了上海展览项目向国际化、规模化的方向发展，客观上也制约了品牌展览项目的发展壮大。

2. 会议、展览有待平衡

从总体上看，上海的展览活动发展较快，但会议（论坛）尤其是在国际上有重大影响的会议同新加坡、香港、北京、南京等城市相比，差距较大。由于会议带来的社会效益相对滞后，经济效益是隐性的、长效的，经济上的难以获利影响了组织者的办会积极性，也制约了上海会议（论坛）活动的发展。

3. 配套服务有待完善

由于缺乏整体规划，目前上海会展服务的配套设施仍不理想。会展场馆经营、广告策划、设计施工、设备租赁等配套服务企业也不够完善。会展业同旅游业之间的发展协调性也欠佳。

4. 企业实力有待夯实

近几年，上海的会展公司数量增长较快。但这些企业普遍存在规模较小、资金较少的情况，与国际上许多著名的会展公司在管理模式、公司结构、技术手段和营销方式等方面都存在着很大的差距。由于规模不大、未形成品牌效应、会展效益低，面临风险的时候，抵抗能力也低。

5. 会展人才有待提高

影响会展产业发展最为突出的瓶颈问题是人才，尤其是专业人才。上海作为长江三角洲会展经济区域的龙头，会展管理、评估、宣传策划、礼仪服务等专业服务业人才不足，会展从业人员的结构比例、学历层次、经营管理水平等远不能满足本市会展业发展的需求，特别是高端的复合型人才的匮乏制约了会展业的快速发展和参与国际会展业的竞争。大部分从业人员既是会展组织者，又是会展管理者，还是会展实施者，专业分工与协作比较落后。很多会展组织人员还要亲自安排参展人员的食、住、行、游、购、娱，大大降低了会展工作的组织效率，影响了会展效益。

同时，会展业人才教育与市场需求脱节，提供的人才服务不到位。一方面，会展教育在专业设置、学科建设、师资建设、课程设置、教材使用等方面的问题仍然十分突出。另一方面，由于教育培养与实际没有紧密结合，导致了会展实务操作人才稀缺，高素质会展人才又难以脱颖而出，使得会展行业在人才供应与需求上更加不协调，成为制约会展业的发展以及会展组织水平和服务质量提高的瓶颈。

6. 法律法规有待健全

会展业的发展需要一个公平、诚信、守法的市场环境，但我国目前还没有专门的会展法规，上海也仅有2005年颁布的《上海市展览业管理办法》。"十一五"期间，由于会展业发展势头迅猛，许多争议事件参照该办法已无法执行处理，执法主管部门职能不明，力度不足。因此，需要抓紧修订《上海市展览业管理办法》，完善与其配套的会展业知识产权保护条例。同时，对于上海举办的各种会议、节庆活动,也应提出相应的管理办法。

在会展统计方面,北京统计局已加入会展业统计。而上海的会展统计还不够规范化,由协会发起的统计难以开展,无法得到客观、准确的结果。这不仅影响政府部门对会展发展的宏观决策,对规范会展市场也很不利。

另外,由于历史、体制等原因,上海会展业对知识产权保护刚刚起步,这方面经验仍有所欠缺。

7. 管理体制有待理顺

会展业宏观管理的"错位"、"缺位"长期制约着中国会展业的发展。由于计划经济的残留因素,上海会展业的管理体制目前仍然存在多头管理和重复审批的问题,缺乏统一的会展业管理机构。国际会议审批经常出现主题雷同,没有事后评估,也没有统一、规范的会议档案和统计制度。展览市场信息不对称,展会主题冲撞、重复等现象屡见不鲜,给行业的管理和统计都带来了困难,也导致了参展商往往投诉无门的尴尬。

8. 政策扶持有待落实

目前,国内会展经济发展较好的省市均已出台鼓励会展业发展的扶持政策,有力推动了当地会展经济的发展。尽管近年来,上海会展业以每年17%的增速发展,上海目前在鼓励会展业发展方面仍没有相应的政策。

5

"十二五"期间上海会展业展望

加快会展业发展是上海建设"四个中心"、加快向以服务经济为主的产业结构调整的需要,也是上海建设国际贸易中心的主要任务之一。会展业对于拉动经济和社会发展具有乘数效应,也将有效带动上海经济增长和产业结构调整,有力提升上海城市国际形象和影响力,是上海更好地服务长三角、服务全国、面向世界的重要平台之一。

展望"十二五"期间,上海会展业将面临新一轮的发展,将为推进上海现代服务业的发展做出新的贡献。

5.1 环境分析

总体上,上海会展业在"十一五"期间的发展在国内处于领先地位。但与国际著名会展城市相比,无论在会展业的国际化、专业化和市场化水平方面,还是在会展业的管理、会展企业竞争力和会展场馆设施及配套服务等方面上海会展业仍存在较大的差距。与国内主要会展城市相比,上海会展业的领先优势也不明显,尤其在会展业发展鼓励政策方面明显滞后。

"十二五"期间,上海会展业发展将面临较好的外部环境,具体表现为以下几个方面:

1. "后世博效应"将逐步显现,为会展业发展提供了前所未有的良好机遇。2010年世博会搭建了一个良好的国际交流平台,进一步开阔了上海会展企业的视野,创造出一些新的展会主题。同时,世博会的举办,促进了上海城市软硬件设施的改善,提升了城市的国际品牌形象和综合服务能力。世博会留下的主题馆、世博中心和演艺中心等一批会展场馆,有效地缓解了目前上海会展场馆匮乏的问题。此外,世博会也为上海会展业培育了一大批专业服务人才,有利于提升上海会展业的人才和服务水平。

2. 上海"四个中心"建设和国家对长三角地区建设世界级城市群的战略

定位，奠定了上海建设国际会展中心城市的基础。上海"四个中心"的建设，进一步丰富了会展业发展的条件，将吸引更多高端的商务客户，优化会展产业链的内涵，提升上海会展业的国际化程度。同时，国务院批准实施长三角地区建设世界级城市群的战略定位，必将引起长三角地区会展资源的新一轮优化整合，对上海会展业的场馆建设、品牌展会的培育、高端国际会议的发展、知识产权的保护和管理水平的提升，提出更高的要求。长三角地区门类较为齐全的产业也为会展业发展提供了重要的产业基础，有利于发挥展会对产业的带动效应。

3. 各级政府对会展业发展提高重视。随着上海产业结构的调整和建设国际贸易中心城市目标的明确，发展现代服务业将成为各级政府特别是中心城区的重要任务，各级政府对会展业拉动经济发展的效应也将产生新的认识。目前，已有浦东新区、长宁等区考虑将会展业作为本区现代服务业发展的重要内容之一，已经制订或计划出台相关的鼓励扶持政策，这将为本市会展业实现大发展提供良好的外部环境。近期，商务部拟出台《关于加快培育国家级国际经贸展览会的指导意见》和相关认定办法，也为上海加快培育国家级国际经贸展览会带来契机。

4. 会展业将全面进入规模、质量和效益同步提升的发展阶段。经过前五年的快速发展，上海会展业项目数量和规模都有了较大的发展。在现有场馆供给的情况下，基本接近饱和。目前，5万m^2以上的展览项目已由2006年的20个发展到2010年近40个，三年翻了一番。3万m^2以上的项目已接近65个，预计未来五年将有部分发展成为10万m^2以上的项目。这些项目将成为今后五年上海展览业发展的核心项目。随着上海会展环境的不断改善，一些国际知名品牌展会也将进入上海，上海会展业发展将逐步过渡到规模和数量为主向规模、质量和效益同步提升的重要发展阶段。

5.2 指导思想和发展目标

"十二五"期间，上海会展业发展的指导思想是：以邓小平理论和"三个代表"重要思想为指导，全面落实科学发展观，紧紧围绕上海建设"四个中心"特别是国际贸易中心的战略目标，立足于提升上海服务长三角、服务全国、面向世界的水平，抓住后世博时期给上海会展业发展带来的重大机遇，进一步提高本市会展业的国际化、专业化、市场化水平，提升上海会展业的核心竞争力。同时，依托浦东的花木会展区、世博园会展区和浦西已有的"一带四点"会展区及将要建设的虹桥国家会展中心,加快形成"东西联动、错位竞争、优势互补"的会展业发展新格局,推动上海会展业实现跨越式发展。

主要目标是:到2015年上海要初步建成亚太地区的国际会展中心城市之一,打造成为亚太地区综合会展服务功能完善、法规制度基本健全、国际高端会展优势突出、国际化水平较高、专业性会展高度发展、市场运行机制较为成熟、展会场馆设施较为齐全的国际会展之都。

——展会规模:到2015年,展览总面积达到1200-1500万m^2,力争比2010年翻一番。其中,5万m^2以上的展会项目达到50个,5-10万m^2的展会项目达到25个,10万m^2以上的展会项目达到20个,10-20万m^2的展会项目达到20个,20万以上的展会项目达到5个。举办300个左右的有较大影响的国际性会议,培育一批重要的具有重要影响力的节庆活动。

——展会质量:到2015年,展览会的国际化水平进一步提高,其中境外参展商的比重达到30%以上、专业化程度提高到95%、市场化水平达到98%以上,基本实现市场化运作。重点打造20个左右国家级国际经贸展览会,其中8-10个为国际品牌展览项目。重点培育和引进20个左右国际知名会议(论坛),形成10个左右具有国际影响力的节庆活动。

——展会效益:到2015年,上海会展业的直接收入力争达到200亿元,对经济增长的平均拉动系数为1:10,拉动相关行业收入力争达到2000亿元。

5.3 主要任务和措施

"十二五"期间,上海会展业发展的主要任务是:"发展"、"规范"和"提升",着力推进国际会展中心城市建设。围绕会展业的"发展",着力实现"三个提升"和"一个突破":大力提升会展业的国际化水平,大力提升会展业的专业化水平,大力提升会展业的市场化水平,在会展业发展政策瓶颈上取得突破。围绕"规范",加快完善会展业发展的环境。

(一)大力提升上海会展业的国际化水平。

"十二五"期间,上海要通过扶持、引进、合作等方式打造一批国际化水平较高的会展项目。到2015年,争取举办的国际展览会面积占总面积的比重达到80%,境外参展商占总的展商的比重达到30%。

1. 扶持一批本土展会提升国际化水平。积极鼓励本土大型展会通过扩大办展规模和提升办展质量、申请注册商标保护、通过国际认证等提升展会的影响力和品牌优势,逐步培育一批本土品牌展会发展成为国家级国际经贸展览会。通过实施档期保护管理办法等，扶持和培育一批国际化、专业化程度较高的品牌展会。通过政策引导，发展和培育一批有核心竞争力的中小型国际专业展会。

2. 引进一批国际和国内品牌展会。进一步完善本市会展业市场环境，积极维护会展业市场的繁荣有序，通过政策优惠、制度保障等手段大力引进一批国际知名品牌展会和国内品牌展会落户上海，进一步提升本市会展业的规模和质量。加强对本市酒店、宾馆等会议设施的规划，积极引进一批国际性会议和跨国公司年会等落户上海，打造一批有影响力的国际性会议和重要节事活动。

3. 加强与国外会展业组织和机构的交流与合作。大力吸引国际会展行业组织和国际知名会展企业落户上海，鼓励本市会展企业与国际知名会展企业开展交流与合作。鼓励展会之间强强合作，做大做强，提升国际化水平。鼓励本市大型会展企业通过市场化模式兼并重组、合作办展等多种形式，打造会展业航母企业，形成一批规模较大、办展能力较强、国际化程度较高、国际竞争力较强的本土品牌会展企业。鼓励本市中小型会展企业开展合并、重组，走联合发展道路，提高办展能力和经营能力。

4. 大力提高上海会展业的布展水平。

(二) 大力提升上海会展业的专业化程度。

"十二五"期间，上海要结合国家产业发展导向和产业结构调整方向，加快培育一批专业化程度较高的精品会展项目，重点突出对节能、低碳、环保、新材料等新兴产业的扶持。到2015年，力争形成一个产业种类较为齐全、覆盖范围较完整的专业化展会体系，会展业的专业化程度达到95%，综合性展会的比重进一步降低。

1. 培育一批符合国家产业导向的专业精品展。加强展会与产业的融合，鼓励展会带动产业的发展。凡是符合国家产业发展导向，符合节能、低碳、环保、新材料等战略新兴产业的发展要求，将优先享受政策优惠，优先享受档期保护。逐步制订会展业发展的扶持目录，鼓励和培育一批专业化水平较高的精品展会。

2. 扶持一批专业展的办展企业。鼓励专业办展企业与行业协会、大型企业联合举办专业性较强的展会，扩大展会的招商招展范围，提升展会的专业性和影响力。对专业展会的主办企业和行业协会将给予一定的政策扶持。鼓励展览展示工程企业提高设施、工程施工能力，进一步提高展会的布展水平。

3. 推动上海常年展示的发展。充分发挥上海世贸商城常年展、汽车会展中心等常年展的作用，鼓励举办专业性的常年展，进一步完善相关服务，提升影响力。加快五角世贸商城和长风生态基地跨国采购常年展示中心的建设，尽快形成本市短期展和常年展交相呼应的局面。

4. 大力推进网上会展业发展。积极配合上海国际贸易中心建设，推广网上会展，打造全国领先、功能齐全、服务水平一流的网上会展平台。大力推进电子商务与交易平台、大宗商品市场以及专业市场等的建设，促进工博会、跨采大会、华交会等国家级品牌展会的网上推广。配合世贸商城等展馆的常年展示，大力培育网上进出口商品博览会和国际专业展。发挥网络媒体的宣传作用，加强对各类品牌会展、会议和重大节事活动的策划和宣传，提高会展业的影响力。

5. 鼓励会展企业到境外参加展览会。

（三）大力提升上海会展业的市场化水平。

"十二五"期间，上海要加快提升会展业的市场化水平。到2015年，展览会的市场化运作程度要达到98%，会展业的管理和运营基本实现市场化。

1. 建立适合会展业发展的管理协调体制。在对现行会展业管理体制和机制进行调整的基础上，建立由相关会展业管理部门组成的会展行业管理协调机制，承担会展业发展中遇到的重大问题协调、发展规划、目标及政策制定等职责。充分发挥上海市会展行业协会的作用，进一步明确政府主管部门、会展企业、场馆单位和行业协会等各自的职责，逐步建立政府主管部门监管与会展行业协会行业自律相结合的管理新模式，建立会展业发展的长效监管机制和服务体系。

2. 逐步建立会展行业的市场化管理制度。尽快完善会展业的立法保障机制，抓紧修订《上海市展览业管理办法》，探索制定《上海市国际性会议（论坛）管理办法》。加强对主办、承办、场馆单位、展示工程、运输物流等会展企业的管理，充分发挥行业协会作用，加强行业自律，制定并完善上海市会展企业行为公约，督促会展企业规范经营行为。

3. 加强对会展行业的诚信管理。建立会展企业的诚信经营承诺制度，树立守合同、重信誉的良好市场环境。建立信息及时通报的制度和"黑名单"制度，防止和杜绝会展企业各类违法、违规行为的发生。

4. 加强展会场馆经营行为的规范。加强对场馆及设施的维护，保证大型活动场所、设施及布、撤展施工符合国家相关安全标准和安全技术规范，并提供相应的配套服务。不得凭借垄断地位或优势地位操纵出租场馆的资源和价格，不得搭售不合理的服务和产品，严格遵守合同。场馆单位要遵守所在地的有关管理规定，积极配合有关部门，做好场馆的管理和服务，维护场馆周边环境整洁、交通有序。场馆与会展企业要对所举办的展会签订安全责任书，共同承担展会的公共安全责任。对在场馆内发现的各类不安全因素应及时向所在地有关部门和市有关部门反映，并立即开展应急处置，对未取得合法手续的展会应拒绝提供场馆租赁服务。

（四）突破会展业发展政策瓶颈

对会展业的发展给予一定的政策引导、资金扶持是推动本市会展业加快发展、做大做强的重要保障。"十二五"期间，上海要在会展业发展的政策上取得大的突破，重点要解决制约本市会展业加快发展的各类瓶颈问题。

1. 制订《关于鼓励上海会展业发展的若干意见》。充分利用后世博给本市会展业发展带来的机遇，结合本市会展业发展的现状及存在的不足，进一步明确今后五年本市会展业发展的目标、方向、鼓励政策及扶持重点，作为推动今后五年本市会展业加快发展的重要依据。

2. 建立"上海会展业发展专项资金"。建立"鼓励上海会展业加快发展专项资金"，主要用于支持本市会展企业在项目宣传策划、重大会展项目申办、品牌展会认定及培育、会展平台建设、会展人才交流与培养以及开展会展业研究等方面，重点要鼓励引进一批国内外有影响力的品牌展会。

3. 积极争取会展业在税收方面享受优惠。积极争取会展业企业享受营业税优惠税率，争取对会展场馆单位和配套服务企业允许享受差额缴纳营业税等，以进一步提高本市会展企业的竞争力。

（五）加快完善上海会展业的发展环境。

"十二五"期间，上海将围绕着建设成为国际会展中心城市之一的战略目标，加快完善会展业发展的软硬环境，积极为境内外会展企业营造良好的发展环境和创业氛围。

1. 探索制定上海会展业的行业标准。充分发挥上海在会展业发展方面已具备的良好基础和综合优势，探索制定上海会展业发展的地方标准，重点推进主（承）办企业、展示工程企业、场馆单位的作业行为标准，为规范会展企业的经营行为提供重要依据。

2. 建立会展企业的评级与规范制度。在会展行业引入自由竞争、优胜劣汰的市场机制。建立会展企业评级制度，鼓励企业做大做强。建立会展企业的信用评估制度，对经营规范、诚信度高的会展企业，将在展会申请、政策优惠等方面给予支持；对存在各类违规、违法等不规范行为的企业将实施淘汰。探索制定展会评估标准，开展展会评级管理。对国际化、专业化、市场化程度高，影响力大的展会，将实施申请保护制度。

3. 大力发展与会展业配套的服务企业。建立会展业服务配套体系，大力发展为会展提供服务的会展信息服务、咨询评估、装潢设计、场馆管理、金融保险等配套服务企业，加快会展业高端人才培育，推动上海形成在会展业人才、信息、科技和服务等方面的综合优势，为会展业的发展创造良好的环境。加强会展业统计工作，通过购买服务或争取纳入市统计体系，提高会展业统计的准确性和常态化，为管理部门决策提供较为可靠的依据。

4. 进一步加强会展业高端人才培养。积极引进国内外高端的复合型会展业人才，为其提供相应的政策支持和服务。充分利用已有的高校培养体系，改革专业课程设计，增强实务操作能力，进一步增强会展业人才培养的能力。鼓励本市会展企业加强内部员工培训，加快提升会展业内部经营管理人才的水平。

5. 推进会展业公共服务平台建设。探索建立会展业公共服务平台，开展会展信息发布，鼓励会展企业实现信息共享，开展合作，加强会展企业之间的交流与合作，建立会议、展览、旅游、商务等联动机制，延长会展产业链，放大会展经济的效应。

附录1

2010年上海国际展览会主要项目表

上海新国际博览中心

项目名称	时间	规模（万平方米）
环球资源流行服饰配件采购交易会及环球资源婴儿及儿童采购交易会，环球资源及赠品采购交易会	1月13日-15日	2.3
中国华东进出口商品交易会	3月1日-5日	12.65
2010上海国际服装纺织品贸易博览会	3月10日-12日	2.3
第十七届中国国际五金博览会	3月10日-12日	6.9
第19届中国国际电子电路展览会/SEMICON CHINA 2010/慕尼黑上海激光、光电展/慕尼黑上海电子展	3月16日-18日	12.65
第12届中国国际地面材料及铺装技术展览会	3月23日-25日	8.05
2010中国可持续建筑国际大会/第八届上海国际园林景观设计及城市建设展览会	3月23日-25日	1.15
中国国际遮阳与节能技术博览会/中国国际门及门禁系统展览会	3月23日-25日	2.3
第17届中国国际建筑、装饰展览会暨专业屋面、墙面、地面材料及门窗幕墙展览会/第17届中国国际建筑装饰科技精品展览会暨第九届中国国际建筑陶瓷及卫浴科技精品展览会/第十八届上海国际酒店用品博览会/第十一届中国清洁博览会	3月29日-4月1日	12.65
第17届中国国际石材产品及石材技术装备展览会	4月6日-9日	4.6
上海国际珠宝首饰展览会	4月9日-12日	2.3
第92届中国针织品交易会	4月11日-13日	3.45
中国国际橡塑展	4月19日-22日	12.65

续表

项目名称	时间	规模（万平方米）
中国（上海）国际风能展览会暨研讨会/第8届中国国际动力设备及发电机组展览会	4月27日-29日	3.45
中国国际自行车展览会/中国国际电动自行车展览会	4月27日-30日	9.2
中国国际环保、废弃物及资源利用展览会和2010中国国际给排水水处理展览会	5月5日-7日	4.6
国际太阳能及光伏会议暨展览会	5月5日-7日	5.75
世界客车博览亚洲展览会	5月6日-8日	2.3
中国国际焙烤展览会	5月12日-15日	6.9
中国国际模具、模具设备展览会及相关工业展览会	5月11日-15日	5.75
中国国际美容化妆洗涤用品博览会	5月19日-21日	5.75
中国国际食品和饮料展/第十届上海国际包装和食品加工技术展览会	5月19日-21日	4.6
2010中国国际轨道交通展览会/2010中国国际隧道与地下工程技术展览会	5月19日-21日	2.3
中国国际建筑贸易博览会及其配套主题展	5月26日-29日	12.65
第10届世界制药原料中国展	6月2日-4日	6.9
亚洲食品配料、天然原料、健康原料展览会	6月2日-4日	2.3
环球资源消费类电子产品采购交易会	6月2日-4日	1.15
中国（上海）国际家具展览会暨上海国际家居饰品展示会	6月2日-4日	2.3
中国（上海）国际纺织品及面辅料博览会/中国（上海）国际服装服饰贴牌加工博览会	6月8日-10日	1.15
中国国际物流、交通运输及远程信息处理博览会	6月8日-10日	2.3
中国文化用品商品交易会	6月10日-12日	2.3
中国国际铝工业展览会	6月9日-11日	2.3
中国国际纺织机械展览会暨ITMA亚洲展览会	6月22日-26日	12.65
第18届上海国际印刷包装纸业工业展览会/第18届上海国际广告技术设备展览会	7月7日-10日	12.65

附录1　2010年上海国际展览会主要项目表

续表

项目名称	时间	规模（万平方米）
第十六届中国国际加工、包装及印刷科技展览会	7月14日-16日	3.45
上海国际机床展览会／韩国机械展	7月15日-18日	6.9
第104届中国日用百货商品交易会	7月22日-24日	4.6
2010年上海国际儿童、婴儿、孕妇产品博览会／上海儿童服装配饰博览会	7月22日-24日	6.9
中国国际数码互动娱乐产品及技术应用展览会	7月29日-8月1日	3.45
2010上海国际汽车材料及装备技术展览会	8月11日-14日	1.15
第四届（2010）上海国际家用车商务车展览会	8月12日-15日	2.3
第二十一届中国（上海）国际建材及室内装饰展览会／第六届中国（上海）国际建筑节能及新型建材展览会	8月17日-20日	3.45
中国国际家用纺织品及辅料博览会	8月24日-26日	11.5
中国国际针织博览会	8月24日-26日	1.15
2010中国国际皮革展/中国国际鞋类展/中国国际箱包，裘革服装及服饰展	9月1日-3日	6.9
中国（上海）国际石油石化技术装备展览会/中国（上海）国际海洋石油天然气展览会	9月1日　3日	2.3
第十六届中国国际家具展览会	9月7日-10日	12.65
中国国际文具及办公用品展览会	9月15日-17日	3.45
慕尼黑上海分析生化展	9月15日-17日	2.3
上海国际阻燃材料、功能性面料及纤维、化纤展览会／上海国际工程改性塑料、聚氨酯展览会	9月15日-17日	1.15
中国国际化工展览会	9月15日-17日	2.3
中国国际线缆及线材展览会	9月21日-24日	6.9
第七届亚洲打印耗材展览会	9月27日-29日	2.3
中国国际五金展览会	9月28日-30日	10.35
中国国际玩具、模型及婴儿用品展览会	10月12日-14日	3.45
中国（上海）国际乐器展览会	10月12日-15日	6.9

续表

项目名称	时间	规模（万平方米）
上海国际专业灯光音响展览会	10月12日-15日	2.3
中国国际纺织面料及辅料（秋冬）博览会	10月19日-22日	12.65
中国国际产业用纺织品及非织造布展览会		
亚洲国际动力传动与控制技术展览会/亚洲国际物流技术与运输系统展览会	10月25日-28日	10.35
2010中国（上海）国际门业博览会暨门窗产品展览会	10月26日-28日	1.15
第12届中国国际工业博览会	11月9日-13日	10.35
第75届中国电子展暨2010亚洲电子展	11月3日-5日	5.75
第十四届国际食品、饮料、酒店设备、餐饮设备、烘焙及服务展览	11月10日-12日	3.45
中国国际旅游交易会	11月18日-21日	5.75
中国国际工程机械、建筑机械、工程车辆及设备博览会	11月23日-26日	10.35
中国国际橡胶技术展览会/亚洲埃森轮胎展	11月25日-27日	3.75
SIPPE第五届上海国际石油石化天然气技术设备展览会	11月25日-27日	1.15
2010上海国际绝热隔音材料及外墙技术暨干混砂浆工业展览会/2010上海国际地坪工业展/2010上海装饰装修及节能建筑设计展览会	11月30日-12月2日	1.15
上海国际汽车零配件、维修检测诊断设备及服务用品展览会	12月8日-11日	13.8

上海国际展览中心

项目名称	时间	规模（万平方米）
第十七届中国（上海）国际婚纱摄影器材展览会暨国际儿童摄影、主题摄影展览会（春季）	1月20日-23日	1.2
中国（上海）第十五届国际玩具展暨上海玩具第46届博览会	3月5日-7日	1.2
第七届中国国际成人保健及生殖健康展览会	3月12日-14日	0.6
第十四届中国国际食品添加剂和配料展览会暨第二十届全国食品添加剂生产应用技术展示会	3月23日-25日	1.2
第五届国际胶粘带、保护膜及光学膜（上海）展 国际模切材料及加工设备（上海）展览会	3月29日-31日	1.2

附录1　2010年上海国际展览会主要项目表

续表

2010第七届上海国际模型展览会	4月3日-6日	0.6
2010国际运动品牌精品服饰迎春酬宾会	4月8日-11日	0.6
第十届中国国际燃料工业暨有机颜料、纺织化学品展览会	4月14日-16日	1.2
第十届中国国际电力电工设备暨电厂脱硫脱硝展览会	4月21日-23日	1.2
第27届中国国际丝网印刷及数字技术展览会	4月27日-29日	0.6
2010上海国际室内供暖、通风及净化展览会	5月6日-8日	0.6
第六届上海国际钢管工业展览会/第六届中国（上海）国际管件展览会	5月11日-13日	1.2
2010中国（上海）国际残疾人和老年人康复护理技术及辅助器具展览会	5月17日-19日	0.6
2010中国（上海）国际茶业博览会	5月21日-24日	1.2
2010中国国际有机食品博览会	5月27日-29日	0.6
中国国际生物技术和仪器设备博览会	6月2日-4日	0.6
2010上海国际风能大会暨技术和设备展览会	6月7日-9日	1.2
第七届中国国际压铸会议及展览会	6月16日-18日	0.6
2010中国上海国际汽车零部件展览会	6月21日-23日	1.2
2010第七届中国国际自动售货系统及商用自助服务产品展&2010第二届上海国际数字标牌及触摸查询技术展览会&2010上海互动多媒体信息技术及虚拟仿真产品展览会暨大屏幕投影显示、数字会议系统产品展览会	6月25日-27日	0.6
第十八届中国（上海）国际婚纱摄影器材展览会暨国际儿童摄影、主题摄影展览会（秋季）	7月1日-4日	1.2
2010上海国际医疗设备设计和技术展览会暨研讨会	8月25日-26日	0.6
2010亚洲宠物展览会	9月2日-5日	1.2
2010国际特许加盟（上海）展览会	9月10日-12日	0.6
第十八届中国国际纸浆造纸暨纸制品工业展览会及会议	9月15日-17日	1.2
第八届国际粉体工业/散装技术展览会暨会议	9月27日-29日	0.6
第十二届中国上海国际食品加工及包装机械展览会	10月19日-21日	0.6
2010中国糖果文化节&第七届中国国际甜食及休闲食品展览会	10月28日-30日	0.6

121

续表

展会名称	日期	面积
2010中国国际水处理化学品、水溶高分子、造纸化学品、工业表面活性剂技术及应用展览会	11月3日-4日	0.6
2010上海国际海洋工程技术和装备展览会	11月8日-10日	0.6
上海国际造船工业装备与船舶设计技术展览会		
2010年中国国际过滤工业展览会	11月17日-19日	0.6
Tissue Asia 2010	11月17日-19日	0.6
2010中国国际润滑油、脂及调和技术设备展览会	11月22日-24日	0.6
第十三届中国国际胶粘剂及密封剂展览会暨第五届中国国际胶粘剂与标签展览会	12月1日-3日	1.2
中国国际标签技术展览会	12月13日-18日	0.6

上海光大会展中心

展会名称	日期	面积
第十七届中国（上海）国际婚纱器材展览会暨国际儿童摄影、主题摄影展览会	1月20日-23日	2.39
第十一届中国（上海）国际眼镜业展览会	2月25日-27日	3.14
2010春季中国（上海）婚博会	3月5日-7日	2.39
PCHI中国国际化妆品、个人及家庭护理用品原料展览会	3月10日-12日	1.58
第十一届中国国际农用化学品及植保展览会	3月16日-18日	3.14
第十四届中国国际食品添加剂和配料展览会	3月23日-25日	3.14
第22届国际共聚焦显微成像学术研讨会暨设备展	3月28日-31日	0.75
2010第五届中国（上海）国际袜业采购交易会	4月1日-3日	0.77
2010中国（上海）国际测绘仪器及GIS/GPS/RS技术展览会	4月8日-10日	0.75
第二届中国国际电源电池产品及技术展览会	4月8日-10日	0.77
2010上海国际工业搅拌混合技术	4月13日-15日	0.81
2010上海卫生流体设备工程暨食品及制药设备技术展览会		0.81
第十一届上海国际表面活性剂和洗涤剂会议暨展览会	4月13日-15日	0.81
2010上海国际纺织品印花工业展览会	4月13日-15日	0.77
第十二届中国国际电子生产设备暨电子工业展览会	4月20日-22日	2.39
2010上海国际新光源&新能源照明展览会	4月20日-22日	0.81

续表

项目名称	日期	面积
第80届中国国际劳动保护用品交易会	4月26日-28日	1.52
2010第七届国际艺术古董博览会	5月1日-3日	0.77
2010工艺美术大师精品博览会		
2010中国国际大豆食品加工技术及设备展览会	5月6日-8日	0.75
第五届上海国际机箱机柜机顶盒、机房设备、光纤布线暨母线线槽展览会	5月6日-8日	0.81
第十二届国际摩擦密封材料技术交流暨产品展示会/第三届国际汽车摩托车零部件专利新产品技术交流暨展示会	5月7日-8日	0.81
第七届上海国际皮革展览会/第七届上海箱包皮具手袋展览会/第七届上海缝制设备展	5月22日-24日	0.77
2010上海国际微纳米展览会暨国际微纳新技术与产业化论坛	5月27日-29日	0.75
2010 PCIM China	6月1日-3日	0.75
第十四届国际工业自动化与控制技术展览会/第十四届国际传感器预测与测量展览会	6月2日-4日	1.58
2010上海国际表面工程展览会暨研讨会；第二届上海国际特种陶瓷、搪瓷工业展览会暨第二届上海国际耐磨材料展览会；2010上海国际矿业装备展览会	6月7日-9日	0.77
2010上海国际同位素与辐射加工技术设备会		
2010中国上海国际医学影像仪器设备与技术应用展览会暨研讨会	6月11日-13日	0.81
2010上海智能电网高峰论坛暨展览会	6月11日-13日	0.77
2010第九届上海国际电机博览会暨发展论坛；2010年上海起重机械运输展览会		
第十二届中国（上海）国际数码影像和摄影器材展览会	7月1日-4日	1.58
第十八届中国（上海）国际婚纱影像器材展览会暨国际儿童摄影、主题摄影展览会	7月1日-4日	0.81
2010第十届中国（上海）国际电子工业展览会；2010第九届上海国际手机产业/触摸屏/天线产品/GPS展览会	7月7日-9日	1.58

续表

展会名称	时间	面积
2010上海国际体育用品博览会暨健身休闲器材国际商贸交易博览会	7月12日-14日	0.77
2010第13届中国美容美发化妆品博览会	8月13日-15日	0.81
2010上海国际幕墙技术及窗业展览会	8月23日-25日	1.58
第五届中国上海国际肉类工业展览会	9月2日-4日	1.58
中国上海食品加工包装机械展览会		
中国上海国际健康产业展览会及健康产业发展论坛		
中国上海健康绿色食品及休闲食品展览会		
中国国际轮胎博览会	9月8日-10日	1.58
第十五届中国国际质量控制与测试工业设备展览会	9月15日-17日	0.77
2010上海国际路桥科技博览会暨国际路灯庭院灯饰户外照明展览会	9月15日-17日	0.81
第十二届中国国际轴承及其装备展览会	9月21日-24日	2.39
2010第四届中国国际铜业展览会暨中国国际铝业展览会		
2010中国（上海）国际车用空调及冷藏技术展览会	10月15日-17日	1.58
2010中国车用电机及电源展览会		
2010服装集团上海国际服装文化节品牌服饰酬宾博览会	10月26日-30日	0.75
2010第十届上海国际天然气汽车加气站燃气技术设备展览会；2010上海国际电动车辆产业博览会	10月28日-30日	0.77
国际电磁兼容、安规认证暨微波技术交流展览会	11月2日-4日	0.75
第十四届中国国际口腔器材展览会暨学术研讨会	11月2日-5日	1.58
中国国际新材料工业展览会暨第七届中国玻璃纤维复合材料展览会	11月8日-10日	0.77
2010（第六届）上海国际优生优育暨孕婴童产品展览会、上海国际少年儿童服装及用品博览会	11月12日-14日	1.58
第十五届中国（国际）小电机技术研讨会、第十一届磁性材料、第九届电子变压器、第七届控制继电器、第六届电容器技术展	11月17日-19日	1.58

续表

项目	日期	面积
2010中国国际调味品及食品配料博览会	11月23日-25日	2.39
2010冬季中国（上海）婚博会	11月27日-28日	2.39
2010中国国际精细化工展览会	12月1日-3日	1.58
2010上海国际袋式除尘技术与设备展览会暨研讨会	12月1日-3日	0.75
2010第九届上海国际照明灯饰展览会	12月6日-8日	0.77
2010中国（上海）LED展览会		
2010中国上海国际渔业博览会	12月10日-13日	0.77
2010中国冷冻冷藏食品交易会		

上海世贸商城

项目	日期	面积
第十七届中国（上海）国际婚纱摄影器材展览会暨国际儿童摄影、主题摄影展览会	1月20日-23日	2.18
NOVO（上海）国际品牌服装展览会	3月3日-5日	1.44
2010上海国际葡萄酒博览会	3月9日-11日	0.62
第十五届国际集成电路研讨会暨展览会	3月15日-16日	0.82
2010上海国际纸品胶片薄膜加工印刷技术设备及材料博览会	3月17日-19日	0.62
中国国际教育巡回展	3月20日-21日	0.82
第十四届中国国际食品添加剂和配料展览会暨第十九届全国食品添加剂生产应用技术展示会	3月23日-25日	0.9
2010年（春季）上海国际礼品家居品展览	3月24日-26日	1
国际能源技术设备展览会暨太阳能光伏工程展览会	3月30日-4月1日	1.44
2010中国（上海）国际奖励旅游及大会博览会	4月8日-9日	0.62
中国国际染料工业暨有机颜料、纺织化学品展览会	4月14日-16日	0.62
2010上海国际淀粉及淀粉衍生物新技术、新设备展览会	5月26日-28日	0.62
2010第五届上海国际幼儿教育展	5月30日-6月1日	0.62
上海世博会安徽周主题博览会	6月25日-27日	1.98
第十八届中国（上海）国际婚纱摄影器材展览会暨国际儿童摄影、主题摄影展览会	7月1日-4日	2.18
2010第四届上海国际礼品家居品展览会	8月5日-8日	2.6

续表

第十届中国国际流体机械展览会暨过滤展览会	9月1日-3日	0.62
2010（第十四届）上海艺术博览会	9月8日-12日	1.77
2010中国（上海）国际跨国采购大会	9月16日-18日	1.98
展会系列5——上海国际纺织服装展览会纤研日本时尚展	9月27日-29日	0.62
2010第五届上海国际汽车改装博览会	10月22日-24日	0.62
上海国际陶瓷生活艺术博览会	11月11日-15日	0.82

上海展览中心

第十五届上海国际连锁加盟展览会	3月27日-28日	2.2
2010中国国际机器视觉展览会		
3月31日-4月2日 2010中国（上海）国际游艇展	4月8日-11日	2.75
2010中国国际食用油及橄榄油展览会	4月24日-26日	0.6
假日楼市	4月30日-5月3日	3.6
第十届上海社会公共安全产品国际博览会	5月13日-15日	1.5
中国国际古典出口家具展	5月20日-23日	1
上海世界旅游资源展	5月27日-29日	1.2078
荷兰阿姆斯特丹国际水处理展	6月2-4日	0.5
上海电视节国际影视节目市场暨国际新媒体与广播影视设备市场展览会	6月8日-10日	0.5
第13届上海国际电影节电影市场	6月14日-16日	0.2
亚洲奢华旅游展（ALTM）	6月15日-17日	0.5424
2010上海国际摄影周暨上海第十届国际摄影艺术展览会	6月23日-27日	0.8
第六届中国国际动漫游戏博览会	7月9日-12日	1.2
2010上交会暨第三届国际进口商品博览会	8月26日-29日	2.1
2010上海国际智能交通和地理信息高峰论坛暨技术应用展览会	9月1日-3日	0.5424
上海艺术博览会国际当代艺术展	9月10日-13日	1.8
2010上海设计双年展	9月17日-19日	0.6
旅居人士展	9月17日-19日	0.8

续表

假日楼市	10月3日-6日	3.6
百姓装潢推广展		
中国国际时尚家居用品展览会	10月13日-16日	0.336
第二届（上海）国际综合减灾与应急管理设备技术展览会	10月13日-15日	0.6
上海国际时尚内衣展	10月19日-20日	0.3
上海国际奢华生活博览会	10月22日-24日	2.17
2010上海国际现代中医药博览会	11月4日-6日	0.65
世博的精彩 记者的风采——第11届上海传媒业博览会	11月12日-14日	0.2545
2010上海国际葡萄酒及烈酒展览会	11月14日-16日	0.5424
上海国际品牌招待会	11月17日-21日	0.2545
亚洲珠宝展	11月25日-28日	0.7246
2010上海国际营养、运动与健康大会暨展览会	12月9日-11日	

东亚展览馆

2010上海国际非开挖技术展览会暨研讨会	6月8日-10日	0.3
2010中国国际马博会	9月24日-26日	0.5
2010年中国国际教育展（上海站）	10月23日-24日	0.5

浦东展览馆

2010上海国际科学与艺术展	5月26日-31日	0.9
上海国际流行纱线展示会	9月7日-9日	0.9
第12届中国上海国际艺术节写意中国·中国国家画院2010大写意国画邀请展	9月28日-10月7日	0.9

上海国际会议中心

2010亚洲码头营运商大会暨展示会	3月16日-18日	0.2726
2010上海国际奢侈品包装展览会	3月29日-31日	0.2076
2010国际放射学大会暨展览会	4月10日-12日	0.2076
2010上海国际整形美容学术研讨会暨展览会	4月14日-17日	0.2726
2010上海国际酒类商品展览会	6月9日-11日	0.2076
2010上海国际高端物业及建筑科技展览会	9月17日-19日	0.2076

上海汽车展览中心		
上海 OEM 汽车零部件国际供应商博览会（IZB）	3月23日-25日	1
2010 第五届进口汽车博览会	9月21日-24日	3
2010SAMPE 中国国际先进材料与工艺技术展览会暨中国年会	11月10日-12日	1

附录 2

2010 年上海国内展览会主要项目表

上海国际展览中心

上海市高校毕业生就业招聘会	1月9日
2010 上海家装咨询会	2月27日-28日
2010 上海宠物大会	3月12日-14日
上海十字绣、刺绣、年历及画框展览会	6月11日-13日
2010 上海家装咨询会	6月14日-16日
2010 质量安全监控系统设备及仪器仪表展览会	8月18日-20日
2010 中国特殊钢工业展览会	9月21日-23日
2010 中国医药原料药、中间体及包装设备材料展览会（上海）家庭医用设备器械展览会	9月27日-29日
2010 中国（上海）玻璃工业新技术展览会暨玻璃技术及装饰展览会	10月9日-11日
2010 上海司法警用及安全防范技术产品博览会	10月14日-16日
2010 上海品牌防伪技术暨标签、商标、包装可变数码印刷设备展览会	10月14日-16日
2010 上海金属暨冶金工业博览会	11月22日-24日

上海光大会展中心

2010 人才招聘会	1月9日
人才展	1月16日
2010 人才招聘会	1月24日
第三届（光大）2010 迎春食品大联展	2月4日-9日
2010 人才招聘会	2月28日

续表

2010中国（上海）广告四新丝网印刷展览会暨2010中国（上海）LED（霓虹灯）展览会	3月27日-29日
2010人才招聘会	3月27日
2010第三届中国中高端瓶装水及无糖食品采购交易会/2010第二届中国番茄酱及果汁产业博览会	4月1日-3日
2010服装集团上海国际服装文化节品牌服饰酬宾博览会	4月1日-5日
2010人才招聘会	4月3日
2010人才招聘会	4月10日
2010人才招聘会	4月24日
2010人才招聘会	4月24日
大型家庭装潢咨询会	4月24日-25日
2010品牌服饰特卖会	4月29日-5月9日
大型家庭装潢咨询会	5月2日-4日
2010人才招聘会	5月8日
2010浙江省暨杭州市名优特产品（上海）展销会	5月11日-14日
2010人才展	5月15日
第98届中国鞋业、皮具商品博览会暨"名品名店"对接展会	5月17日-19日
2010第十一届磁性材料展览会、2010上海粉末冶金及硬质合金展览会	5月17日-19日
第六届中国肿瘤学术大会	5月21日-23日
2010人才招聘会	5月22日
2010上海产业用纺织品非织布无纺布购物袋包装袋展	5月22日-24日
2010第四届上海环保购物袋包装袋展览会2010人才招聘会	5月29日
2010浙江（上海）旅游交易会暨世博旅游主题展	5月28日-30日
2010（上海）第五届创业项目投资暨连锁加盟展览会	6月2日-4日
2010人才招聘会	6月5日
中国结婚商城新品体验会	6月6日
特许金融分析师考试（CFA考试）	6月6日
2010人才招聘会	6月12日
2010上海紧固件专业展	6月16日-18日

续表

2010 夏季品牌服装折扣会	6月17日—22日
2010 人才招聘会	6月19日
2010 第七届上海医疗器械展览会	6月22日—24日
2010 第十届上海残疾人、老年人康复护理保健用品用具展览会	
2010 上海临床检验及输血用品展览会	
2010 上海口腔清洁护理及设备展览会	
中国实验室技术及装备交易会 EXPOLAB	6月22日—24日
2010 人才招聘会	6月26日
2010 上海零售业博览会、第四届上海礼品、工艺品、潮流商品展览会	6月26日—28日
2010 品牌服饰特卖会	7月8日—18日
第五届中国（上海）户外家具及休闲用品博览会	7月12日—14日
2010 中国（上海）渔船渔机渔具产业博览会	7月12日—14日
2010 上海家居博览会	7月17日—19日
城市和谐发展和救援贸易博览会	7月28日—30日
特卖会	7月21日—25日
WCG2010 三星杯世界电子竞技大赛中国区总决赛	7月23日—25日
2010 人才展	7月31日—31日
第十届上海墙纸布艺展览会暨家居软装饰展览会	8月2日—4日
2010 夏季中国（上海）婚博会	8月6日—8日
2010 人才展	8月7日
上海图书交易会	8月9日—11日
第六届中国商业地产博览会	8月13日—15日
2010 人才展	8月14日
2010 上海国防科技工业信息化及安全保密技术展暨海防视频监控系统、噪声与振动控制、生物识别专题展	8月13日—15日
第六届中国商业地产博览会暨 2010 上海国际商业品牌推广展览会	8月13日—15日
2010 第八届中国汽车用品采购交易会	8月18日—20日

131

续表

2010 人才招聘会	8月21日
2010 服饰特卖会	8月21日-25日
2010 上海家用纺织品博览会	8月24日-26日
2010 人才招聘会	8月28日
中国药店展	8月28日-30日
2010 中国风能技术设备及核电产业展览会（上海）	9月3日-5日
2010 中国上海核电工业展览会	
2010 上海品牌食品博览会	9月9日-12日
2010 第23届 CHMTA 医疗用品卫生纸巾暨敷料耗材大会	9月15日-17日
第8届（上海）医院建设与装备暨预防医学展览会	
SIBE2010 第四届上海智能建筑展览会	9月15日-17日
2010 上海视听集成设备与技术展览会	
人才招聘会	9月18日
2010 上海门业产业展览会	9月28日-30日
2010 上海酒店设备用品展览会	9月28-30日
2010 服饰特卖会	10月1日-5日
2010 第九届上海艺术及古玩博览会；2010 假日珠宝及玉器博览会	10月3日-6日
医学检验自动化系统及仪器、试剂博览会	10月8日-10日
2010 上海信息安全技术及应用展览会	10月13日-15日
2010 人才展	10月16日
第十届全国农药交流会暨农化产品展览会	10月20日-22日
2010 秋季品牌服饰特卖会	10月21日-24日
2010 人才招聘会	10月23日
2010 第八届上海家庭生活日用品、装饰品、礼品工艺品展览会	10月28日-30日
2010 上海网货交易会	
2010 人才招聘会	10月30日
2010 人才招聘会	11月6日
2010 百姓喜爱的家装（建材）品牌评选活动	11月6日-7日

续表

项目	日期
2010第二届中国(上海)土木工程结构试验与加载检测新技术展览会	11月11日-13日
2010地质装备、喷涂聚脲、沥青设备专题展	
2010上海建筑声学材料及工程设计展览会电子音乐巡展	11月12日-13日
2010人才招聘会	11月13日
2010冬季长三角联合师资招聘会	11月20日
2010人才招聘会	12月4日
上海靶材应用镀膜工业反应釜设备技术及工业防腐蚀展览会	12月6日-8日
第三届中国(上海)冷柜、冰箱全球采购交易会	
2010上海第六届创业项目投资暨连锁加盟展览会	12月11日-13日
2010人才招聘会	
2010第八届上海医疗器械展览会	12月13日-15日
2010第十届上海残疾人、老年人康复护理保健用品用具展览会	12月13日-15日
2010第八届上海家庭医疗用品展览会	
2010上海检验医学及输血用品展览会	
2010电视购物展	12月17日-19日
2010帐篷篷房上海博览会	12月17日-19日
2010上海军民结合、方舱技术设备、特种车辆及上海航空航天技术、机场设施建设展览会;2010上海模型、模具道具技术设备展览会	12月23日-25日
首届上海东方四宝博览会	12月23日-26日

上海世贸商城

项目	日期
2010年服饰酬宾会	1月28日-31日
篱笆网婚礼咨询会	4月17日
服饰酬宾会	4月27日-30日
欧洲高级家具展销会	5月5日-15日
2010上海春季艺术沙龙	5月12日-16日
第七届(春季)上海纺织服装采购交易会	5月19日-21日
森马服饰2010冬季订货会	5月26日-6月1日

续表

2010 第三届化工品、油品运输仓储物流展览会	6月3日-4日
2010 第三届非金属电缆料及加工助剂展览会	
特许金融分析师（CFA）考试	6月6日
第十五届上海别墅博览会	6月10日-13日
2010 上海台北文化创意产业博览会	6月16日-20日
篱笆网婚礼咨询会	7月10日
森马服饰2011春季订货会	8月15日-21日
2010 中国洗染业展览会	8月26日-28日
2010 中国高端婴童产业全球峰会-暨i-baby"炫彩2011春夏新品发布会"	9月9日-10日
ICICLE' 2012 年夏季新品发布会	9月24日
服饰酬宾会	9月24日-28日
第六届土工合成材料及设备展览会	10月13日-15日
全家超市推介会	10月14日-15日
2010 第四届上海锅炉压力容器压力管道展览会	10月17日-19日
篱笆网婚礼咨询会	10月30日
2010 多美滋慈善嘉年华	11月7日
OLD NAVY 秋冬男女休闲装、童装特卖会	11月8日-12日
服饰酬宾会	11月12日-16日
上海拼布节	11月12日-14日
欧洲高级家具展销会	11月12日-21日
2010 上海奢华珠宝首饰展览会	11月19日-22日
"2010 中国健康食品产业博览会"	11月30日-12月2日
"2010 上海冷冻冷藏冷链冰淇淋暨货架展览会"	
特许金融分析师（CFA）考试	12月5日
全球零售自有品牌产品亚洲展·2010 上海	12月8日-10日
2010 上海纺织面辅料、家用纺织品博览会暨2010 上海纺织服装贸易博览会	12月16日-18日

上海展览中心

2010 上海对口支援地区特色商品迎春博览会	1月7日-10日
2010 巧克力沙龙	1月21日-23日

附录2 2010年上海国内展览会主要项目表

续表

新春大联展	2月4日-9日
上海结婚展	3月5日-7日
启蒙人才交流会	3月6日
上海市春季大型人才交流洽谈会	3月13日
上海之春房地产交易展示会	3月18日-21日
快乐装潢展	3月20日-21日
上海教育博览会	4月16日-18日
2010FSE食品安全保障产业展览会	4月20日-21日
2010上海威士忌时尚生活	5月21日-23日
上海近现代美术藏品特展	6月24日-7月5日
第二十七届中国上海房地产展示交易会	7月16日-19日
2010上海书展	8月11日-18日
中华老字号展	9月23日-26日
快乐装潢推广展	10月16日-17日
Luxproperty上海臻品物业私人品鉴会	10月29日-31日
2010第三届上海红木艺术家具展览会	10月29日-11月1日
100%设计展	11月4日-6日
世界华人收藏家大会	11月5日-7日
中国（上海）酒店设备及用品采购交易会	11月15日-16日
理财博览会	11月19日-21日
东方商厦感恩酬宾会	11月25日-28日
第二十八届中国上海房地产展示交易会	12月3日-6日
第二十八届中国上海房地产展示交易会	12月10日-13日
快乐装潢展	12月10日-11日
上海冬季结婚展	12月17日-19日
法律与责任——全国检察机关惩治和预防渎职侵权犯罪展览	12月21日-31日

东亚展览馆

2010景观度假住宅与旅游地产、中国商用地产与营业用房展览会	1月16日
久久结婚网2010第15届春季结婚展	2月27日

续表

2010"春之魅"大型百货品牌服饰折扣会	3月8日
"开心车市"车辆展示活动	3月16日
服装特卖会	3月25日—30日
2010中国室内环境节能环保健康产品	3月26日—28日
2010上海第一八佰伴大型品牌特卖会	4月1日—4日
2010第十二届上海房地产一、二手房交易展示会	4月9日—11日
2010首届·上海家装文化艺术节	4月17日—18日
2010春季上海东亚户外运动特卖会与迎五一．大型百货品牌服饰折扣会	4月20日—26日
2010上海国际服装节大型品牌联合酬宾博览会	4月30日—5月5日
梅龙镇伊势丹初夏超大型特卖会	5月7日—9日
第三届上海中国古玩艺术品博览会	5月14日—17日
夏季上海东亚户外用品特卖会 夏之梦大型百货品牌服饰折扣会	5月20日—26日
第16届久久结婚网夏季结婚展	6月5日
2010夏季上海东亚户外用品特卖会	6月12日—23日
第十一届上海现代教育与出国留学展览会	6月26日—27日
激爽e夏 大型百货品牌联合特卖会	6月30日—7月4日
2010亚洲首届变形金刚塞伯坦年会	7月30日—8月4日
3M杯汽车隔热膜全国贴膜总决赛	8月7日
上海时尚·品牌家具展销会	8月14日—15日
夏季上海东亚户外用品特卖会暨夏日狂折·大型百货服饰折扣会	8月18日—22日
第十二届中国工艺美术大师精品博览会	10月15日—18日
上海东亚户外用品秋季特卖会暨大型百货品牌换季折扣专场	10月26日—11月1日
2010第六届亲子嘉年华	11月12日—14日
梅陇镇伊势丹秋冬超大型特卖会	11月25日—28日
2010"东丽杯"上海国际马拉松赛展示会	12月2日—4日
上海东亚户外用品秋冬特卖会暨百货品牌折扣会	12月6日—12日
2010第二届大型品牌家具展销会	12月18日—19日

浦东展览馆

纱线展	3月9日-11日
上海欧陆美食展	3月17日-19日
皆喜婚礼节	3月27日-28日
浦东新区微小型企业创业产品展示交易会	4月7日-8日
皆喜婚礼节	7月17日-18日
"人文北京、写意昌平"全国著名美术家写生创作展	8月5日-12日
上海休闲生活博览会	9月18日-20日
2010营销及广告创新技术展示暨研讨会	10月27日-28日
上海皆喜婚礼节(冬季)	12月11日

上海国际会议中心

第四届东方心脏病学会议展览会	5月28日-30日
2010上海游戏开发者大会暨展览会	7月28日-8月1日
2010中国康复医学会修复重建外科第十七次学术交流会暨设备器械展览会	8月24日-27日

上海汽车展览中心

2010上海西部房产展览会	9月3日-6日
2010年KPMG公司年会	12月17日

附录 3

2010 年上海部分国际会议（论坛）项目表

序号		名称	主办、协办、承办单位	举办时间	规模
1		2010 世界华人金融精英陆家嘴峰会	上海交通大学 中国风险投资研究院 证券时报社	1.14	300
2		第十届瑞银大中华研讨会	瑞银集团	1.18－22	1200
3	*	专业唱片和信息服务管理协会（PRISM）亚太地区年会 PRISM International Asia Pacific Region Conference	专业唱片和信息服务管理协会（PRISM）	2.3－5	100
4		亨斯迈聚氨酯（中国）有限公司会议	亨斯迈聚氨酯（中国）有限公司	3.6－13	800
5	*	近距离无线通信技术会员论坛 NFC Forum Member Meeting	近距离无线通信 (Near Field Communication, NFC)	3.8－12	150
6	*	TOC Asia 2010 第十四届亚洲码头营运商会议暨展览 Terminal Operations Conference & Exhibition for Asia －TOC2010 Asia－	英国 TOC 世界项目组	3.16－18	800
7		第六届中国太阳级硅及光伏发电研讨会	SEMI 中国电子商会	3.16－18	1000
8		2010 第六届 FSC 采购洽谈会暨铸件采购大会	中国铸造供应商联盟	3.24－25	500

附录3 2010年上海部分国际会议（论坛）项目表

续表

序号		名 称	主办、协办、承办单位	举办时间	规模
9	*	2010 IEEE International Symposium on Broadband Multimedia Systems and Broadcasting IEEE广播电视技术协会2010年研讨会	IEEE广播电视技术协会	3.24-26	170
10		首届世界健康论坛暨合作洽谈会 First World Health Forum and Cooperation Conference	世界自然医学组织健康促进会 中国发展研究院 国亚洲协会 中华预防医学会 中国中外名人文化研究会 上海市创意产业协会	3.26-28	500
11	*	23届国际共聚焦会议 Focus on Microscopy 2010（FOM2009）	国际聚焦显微学会 上海交通大学 上海激光学会	3.28-31	600
12		2010年首届沃特金融峰会	中国对外友好协会 沃特财务集团	4.7-10	800
13	*	第26届国际放射大会 26 International Congress of Radiology -ISR-	国际放射学会	4.9-12	1500
14		2010中国国际呼叫中心与BPO年度大会	呼叫中心与BPO行业资讯网	4.13-14	1500
15	*	第14届计算机支持的协同设计国际会议 14 International Conference on CSCW in Design	复旦大学	4.14-16	200
16	*	第16届国际电加工会议 The 16th International Symposium on Electromachining, ISEM-XVI	上海交通大学 中国机械工程学会	4.19-23	160
17		第二届上海国际骨科康复学术会议	上海交通大学医学院附属第九人民医院 上海市康复医学工程研究会 上海交通大学康复医学工程研究所	4.24-26	500

续表

序号	名称	主办、协办、承办单位	举办时间	规模
18	全球华人科学家环境论坛	中国环境科学学会 南加州华人环保协会（SCCAEPA） 海外华人环境保护学会（OCEESA） 中华海外生态学者协会（Sino-Eco） 国际电除尘协会（ISESP） 华美环境保护协会（CAEPA） 华人环境学者工程师协会（CESPN） 北美华人岩土工程师协会（NACGEA） 环球中国环境专家协会（PACEP）	5.5-7	500
19	第十四届二氧化硫、氮氧化物、汞、细颗粒物污染控制技术与管理国际交流会	中国环境科学学会	5.5-7	500
20	第四届国际太阳能光伏大会	上海新能源行业协会	5.5-7	1300
21	世界屋顶绿化大会	世界屋顶绿化技术联盟（WGRIN） 上海市园林绿化行业协会 国际屋顶绿化促进中心	5.7-10	800
22	中国酒店投资高峰论坛	华盛国际	5.9-11	600
23	2010矿业聚焦亚洲大会	泽为咨询（上海）有限公司（SZ&W Group）	5.11-14	400
24	2010国际骨科运动医学与关节镜外科高峰论坛 2010 International Summit Forum on Orthopaedic Sports Medicine & Arthroscopy Surgery	国际关节镜 膝关节外科 骨科运动医学学会 中华医学会运动医疗分会 中华医学会骨科分会	5.13-15	500
25	*	哥德斯通国际骨科学会第48届年会 the 48th Girdlestone Orthopaedic Society Annual Meeting 2010	上海交通大学	5.13-16	145

附录3　2010年上海部分国际会议（论坛）项目表

续表

序号		名称	主办、协办、承办单位	举办时间	规模
26	*	第19届无线与光通信国际会议 2010 19th Annual Wireless and Optical Communications Conference (WOCC 2010)	美国无线与光通信委员会 浦东新区电子协会 张江（集团） 孵化器管理中心	5.14-15	300
27		2010年上海世博会主题论坛：信息化与城市发展	工信部 上海市世博事务协调局	5.15-16	800
28		上海·全球制药前沿（中国）论坛 World Pharmaceutical (China) Summit 2010	上海英致投资管理有限公司 (Innch International)	5.19-21	500
29		第六届中国肿瘤学术大会暨第九届海峡两岸肿瘤学术会议	中国抗癌协会 中华医学会肿瘤分会 国际抗癌联盟 复旦大学附属肿瘤医院	5.21-23	4000
30	*	the 9th International Conference on Spectroscopies in Novel Superconductors (SNS2010) 第九届新型超导体光谱学国际会议	复旦大学	5.23-28	300
31		2010中国铁合金国际会议	中国五矿化工进出口商会 中国铁合金网	5.28-30	1000
32		第五届"上海论坛2010"	复旦大学	5.29-31	300
33	*	第29届国际热电会议 The 29th International Conference on Thermoelectrics	国际热电协会（ITS） 中国科学院上海硅酸盐所（承办）	5.30-6.3	500
34	*	第四届国际热加工数学模型和计算机模拟会议 4th International Conference on Thermal Processing Modeling and Computer Simulation, ICTPMCS-2010	国际热处理与表面工程联合会 上海交通大学	5.31-6.2	190
35		2010污水深度处理国际峰会	中国水工业互联网站 上海荷瑞会展有限公司	6.2-4	600
36		上海世博会荷兰文化馆中医药发展国际论坛	荷兰海牙市政府 世界中医药学会联合会	6.3-5	800

续表

序号		名　称	主办、协办、承办单位	举办时间	规模
37		2010"营养-代谢紊乱与肾脏病"国际专题研讨会	复旦大学附属华山医院	6.4-5	200
38	*	第十九届矩阵统计国际研讨会 The 19th International Workshop on Matrices and Statistics	上海金融学院	6.5-8	190
39		国际汽车及航空工程师学会（SAE）亚洲大会	励展博览集团	6.6-10	400
40	*	第29届海洋、离岸及极地工程国际会议 The 29th International Conference on Ocean, Offshore and Arctic Engineering, OMAE 2010	上海交通大学 美国机械工程师协会（ASME）	6.6-11	700
41		2010上海国际海上风电及风电产业链大会暨展览会	中国资源综合利用协会 中国可再生能源学会 上海市国际展览有限公司	6.7-9	600
42		2010年上海世博会主题论坛：城市更新与文化传承	文化部 上海市世博事务协调局	6.12-15	800
43	*	第17届非氧化物和新型光学玻璃国际会议 17th International Symposium on Non-Oxide and New Optical Glasses	中国科学院上海光学精密机械研究所	6.13-18	180
44		2010国际都市圈发展论坛	上海交通大学	6.14-15	300
45	*	互联城市发展联盟第四届全球会议 4th connected urban development global conference	互联城市发展联盟（Connected Urban Development）	6.17-18	100
46		2010全球领导力高峰论坛	哈佛《商业评论》 肯耐珂萨人才服务有限公司（Kenexa） 上海人才服务协会	6.2	500
47		2010年上海世博会主题论坛：科技创新与城市未来	科技部 上海市世博事务协调局	6.20-23	800
48	*	第10届亲水胶体国际会议 The 10th International Hydrocolloids Conference, IHC-2010	上海交通大学	6.20-24	270

附录3　2010年上海部分国际会议（论坛）项目表

续表

序号		名　称	主办、协办、承办单位	举办时间	规模
49	*	第七届电子音乐研究网络年会 7th Conference of the Electroacoustic Music Studies Network EMS 10	电子音乐研究网络 （Electroacoustic Music Studies Network） 上海音乐学院	6.21-24	150
50	*	国际展览服务联盟会议 Covention of the International Federation of Exhibition Services - IFES -	国际展览服务联盟	6.21-26	300
51	*	国际殡葬协会第十一届会员大会 The 11th FIAT - IFTA International Convention	国际殡葬协会（IFTA）	6.21-28	200
52		2010全球中小企业合作大会	全球中小企业联盟 亚太中小企业合作中心 美中国际合作交流促进会	6.22	1100
53	*	2010年第二届IEEE教育技术与计算机国际会议 2010 The 2nd International Conference on Education Technology and Computer（ICETC 2010）	电气电子工程师学会 （IEEE）	6.23-25	200
54		中国食品安全国际论坛2010	环球工商业资讯 （Global Industry Strategy Information, GISI）	6.24-26	500
55		第二届骨科转化研究与前沿技术国际研讨会	中国工程院医药卫生学部 上海交通大学医学院附属第九人民医院 上海市中国工程院院士咨询与学术活动中心	6.26	420
56		2010陆家嘴论坛	上海市政府 中国人民银行 中国银监会 中国保监会 中国证监会	6.26-27	600
57		第2届上海东方呼吸病国际论坛	第二军医大学	6.27	2000
58		上海世博会城市最佳实践暨国际建筑论坛	上海市城乡建设和交通委员会	6.29-30	400

续表

序号		名称	主办、协办、承办单位	举办时间	规模
59		英国皇家特许建造学会全球建造峰会	英国皇家特许建造学会（CIOB） 上海绿地集团 中国建筑工程总公司 上海建筑科学研究院	6.3	300
60	*	第32届国际海岸工程大会 32nd International Conference on Coastal Engineering (ICCE 2010)	中国海洋学会 南京水利学院 上海交通大学	6.30–7.5	650
61		2010年上海世博会主题论坛：环境变化与城市责任	环保部 上海市世博事务协调局	7.3–4	800
62	*	世界人口日主题论坛	联合国人居署	7.11	300
63	*	第四届国际康复工程与辅助技术大会 International Convention for Rehabilitative Engineering and Assistive Technologies i–CREATe 2010	上海交通大学 上海理工大学	7.21–23	400
64		BIT第三届世界生物科技产业大会	百奥泰生物科技有限公司（BIT Life Sciences）	7.25–27	5000
65		中外华人磁共振2010年会暨欧洲磁共振学会论坛 CSMRM & OCSMRM Joint Meeting 2010 and ESMRMB Workshop	由中华放射学会 中华放射学会磁共振学组 中外华人医学磁共振学术交流平台 海外华人磁共振学会 欧洲生物医学磁共振学会 欧洲华人临床磁共振学会	8.13–15	300
66		2010上海国际建筑论坛 2010 Shanghai International Architecture Forum	同济大学	8.14	400
67		2010年上海国际广泛子宫切除学术研讨会	复旦大学	8.15–18	750

附录3　2010年上海部分国际会议（论坛）项目表

续表

序号		名　称	主办、协办、承办单位	举办时间	规模
68	*	第五届亚洲激光等离子体加速与辐射研讨会 The 5th Asia Summer School and Symposium on Laser – plasma Acceleration and Radiation	中国科学院上海光学精密机械研究所	8.16–20	120
69	*	2010年亚太空间地球动力学（APSG）研讨会 Asia Pacific Space Geodynamics (APSG) Workshop 2010	中国科学院上海天文台	8.16–20	100
70	*	第10届世界计量经济学大会 10 World Congress of the Econometric Society – ES –	上海交通大学 复旦大学 上海财经大学 中欧国际工商学院 中国数量经济学会	8.17–22	1500
71		飞思卡尔半导体技术论坛	飞思卡尔半导体	8.20–30	1100
72		2010年后危机时期国际染颜料工业发展论坛	中国染料工业协会	8.22–24	400
73	*	第九届国际可持续能源技术会议 9th International Conference on Sustainable Energy Technologies, SET 2010	上海交通大学 英国诺丁汉大学 国际可持续能源技术学会	8.24　27	410
74	*	第15届高电荷态离子物理国际会议 15th International Conference on the Physics of Highly Charged Ions (HCI2010)	复旦大学	8.30–9.3	300
75	*	第十届中红外光电子材料与器件国际会议 The 10th International Conference on Mid – Infrared Photonics: Materials and Devices	中国科学院上海微系统与信息技术研究所	9.5–9	150
76		国际艺术设计院校联盟年会CUMULUS) 2010	同济大学	9.7	300

145

续表

序号		名称	主办、协办、承办单位	举办时间	规模
77		华人世界论坛	复旦大学 台湾世界公民文化中心	9.7–8	600
78		2010中国国际友好城市大会	中国人民对外友好协会 中国国际友好城市联合会	9.8–10	700
79		2010年上海世博会主题论坛：经济转型与城乡互动	国家发改委 上海市世博事务协调局	9.9–12	800
80	*	第三届亚洲锻造会议 The 3rd AsiaForge Meeting	中国锻压协会（CCMI）	9.12–16	600
81	*	第十二届亚太中央证券存管机构组织（ACG）交互培训研讨会 12 ACG Cross Training Seminar	亚太中央证券存管机构组织（ACG） 中国证券登记结算公司	9.16–18	60
82		"妇女与城市发展"暨纪念第四次世界妇女大会十五周年论坛	中华全国妇女联合会 上海市妇女联合会	9.16–18	500
83		中国（上海）国际跨国采购大会	商务部 上海市政府	9.16–18	500
84		2010上海国际消化高峰论坛	上海交通大学医学院附属新华医院 美国克里夫兰医学中心消化病院 加拿大肝脏基金会	9.16–19	500
85		全球资本与企业对接峰会	世界华人工商促进会	9.20–23	800
86	*	第11届IEEE亚太地区多媒体会议 11th IEEE Pacific–Rim Conference on Multimedia –PCM–	电气电子工程师学会（IEEE）	9.21–24	150
87		2010年全球城市信息化论坛	联合国经济与社会事务部 联合国开发计划署 联合国人居署 联合国工业发展组织 国际电信联盟 工信部 科技部 上海市政府	9.24–27	350

附录 3　2010 年上海部分国际会议（论坛）项目表

续表

序号		名　称	主办、协办、承办单位	举办时间	规模
88	*	第六届亚洲表演艺术节联盟（AAPAF）年会 6th Annual General Meeting of AAPAF 2010	亚洲表演艺术节联盟（AAPAF）	9.25–29	80
89		第 22 次上海市市长国际企业家咨询会会议	上海市政府	10.1	500
90		亚洲光纤通信与光电国际会议暨博览会 2010	复旦大学	10.1–6	570
91	*	世界人居日庆典会 World Habitat Day	联合国人居署 国家住房和城乡建设部 上海市人民政府	10.4	250
92		2010 年上海世博会主题论坛：和谐城市与宜居生活	上海市世博事务协调局	10.6–7	800
93	*	第 7 届历史建筑结构分析国际会议 7th International Conference on Structural Analysis of Historical Constructions	同济大学	10.6–8	200
94	*	第八届反应堆热工水力、运行和安全国际会议 8th International Topical Meeting on Nuclear Thermal – Hydraulics, Operation and Safety	中国核学会	10.10–14	280
95	*	第九届国际水动力学学术会议（ICHD – 2010） The 9th International Conference on Hydrodynamics	《水动力学研究与进展》编辑部	10.11–15	210
96	*	第三届国际压入学会（IPA）研讨会 3rd IPA International Workshop	国际压入学会（IPA）	10.14–15	200
97	*	第二届亚洲近光谱研讨会 The Second Asian NIR Symposium（ANS2010）	亚洲近红外光谱学会（ANC） 中国近红外光谱专业委员会（CCNIRS）	10.15–18	300

147

续表

序号		名 称	主办、协办、承办单位	举办时间	规模
98	*	第一届亚洲子宫内膜异位症大会 1st Asian Conference on Endometriosis －ACE I －	复旦大学妇产科医院	10.16－17	300
99		第七届上海国际呼吸病研讨会（ISRD）	复旦大学附属中山医院	10.16－17	1200
100	*	第11届快点火核聚变国际研讨会 the 11th International Workshop on Fast Ignition of Fusion Targets（FIW2010）	上海交通大学	10.17－21	60
101		黑石集团全球首席执行官（CEO）2010年年会和全球合伙人会议	黑石集团	10.19－20	300
102	*	第十二届国际羊毛会议 IWRC 2010 12th International Wool Textile Research	东华大学	10.19－22	300
103	*	第18届国际海事教师联合会年会 International Maritime Lecturers Association IMLA 18	上海海事大学	10.20－23	80
104	*	国际认可论坛和国际实验室认可合作组织联合年会 International Laboratory Accreditation Cooperation/ International Accreditation Forum －ILAC/IAF 2010 －	国际认可论坛（IAF） 国际实验室认可合作组织（ILAC）	10.20－29	350
105		世界儿科和先天性心脏病外科协会2010年度地区会议	上海交通大学医学院附属儿童医学中心	10.21－23	300
106	*	第九届的亚洲基督教哲学家协会国际会议 9th International Conference of the Asian Association of Christian Philosophers －AACP －	亚洲基督教哲学家协会	10.25－28	100
107		联合国经济与社会事务部活动周论坛"热爱地球、拥抱明天、多样文明"	联合国经济与社会事务部 国务院参事室 中央文史研究馆 中国国际文化传播中心	10.26	500

续表

序号		名 称	主办、协办、承办单位	举办时间	规模
108		2010亚洲物流采购论坛	汉诺威米兰展览（上海）有限公司 国际采购管理协会 ALL56机构	10.27	500
109		中国2010年上海世博会青年高峰论坛	中国2010年上海世界博览会执行委员会 共青团中央 中华全国青年联合会	10.29－30	500
110	*	第六届亚太地区母胎医学会议 6 Asia Pacific Congress In Maternal Fetal Medicine - APCMFM -	同济大学附属第一妇婴保健院 香港中文大学妇产科	10.29－31	600
111		中国2010年上海世博会"城市创新与可持续发展"高峰论坛	上海世博会执委会 国际展览局 联合国	10.31	1500
112		第十届固态和集成电路技术国际会议 10th IEEE International Conference on Solid - State and Integrated Circuit Technology	电气电子工程师学会（IEEE） 复旦大学	11.1－4	600
113	*	世界可持续发展工商理事会2010年理事大会 Council Meeting and Annual General Meeting of World Business Council for Sustainable Development - WBCSD -	世界可持续发展工商理事会（WBCSD）	11.1－4	200
114		亚洲光纤通信与光电国际会议及博览会2010	复旦大学	11.1－6	570
115		上海2010世界华人收藏家大会	市文管委 市文联 市文广局 市人民政府新闻办公室	11.4－7	600
116		第二届上海国际肿瘤局部与靶向治疗研讨会 International Forum of Regional & Targeted Cancer Therapies（RTCT）	全球医学发展有限公司（EPS Global Medical Development Inc）	11.5－7	470

续表

序号		名 称	主办、协办、承办单位	举办时间	规模
117	*	第38届业余无线电通讯网络国际会议 38th South East Asia Amateur Radio Network Convention – SEANET 2010 –	中国无线电运动协会 上海市体育总会	11.5–9	150
118	*	第三届国际聚烯烃特性国际会议 3rd International Conference on Polyolefin Characterization – ICPC 2010 –		11.7–10	200
119	*	第九届语义网络国际会议（ISWC2010） The 9th International Semantic Web Conference	上海交通大学 IBM中国研究中心 语义网络科技协会	11.7–11	300
120		国际博物馆协会第22届大会 22 General Conference of the International Council of Museums – ICOM –	国际博物馆协会	11.7–12	1000
121	*	第10届大学博物馆和收藏品委员会大会 10th Conference of the International Committee for University Museums & Collections – IUMAC 10 –	国际博物馆协会	11.7–12	300
122	*	国际博物馆协会教育和文化行动委员会年会 ICOM/CECA Plenary Conference 2010	国际博物馆协会	11.7–12	300
123	*	国际博物馆协会博物馆搜藏艺术委员会年会 Annual Conference of International Committee of ICOM * for Museums and Collections of Modern Art – CIMAM –	国际博物馆协会 搜藏艺术委员会	11.8–10	300
124	*	国际博物馆协会第38届科技委员会会议 the 38th Conference of International Committee of Museums of Science and Technology – CIMUSET –	国际博物馆协会科技委员会	11.8–10	200

续表

序号		名 称	主办、协办、承办单位	举办时间	规模
125	*	国际博物馆协会考古委员会年会 Annual Meeting of the International Committee for Museums and Collections of Archeology －ICMAH－	国际博物馆协会考古委员会	11.8－10	300
126	*	国际博物馆协会档案委员会年会 Annual Meeting of the International Committee for Documentation －CIDOC－	国际博物馆协会档案委员会	11.8－10	200
127	*	国际博物馆协会博物馆安全委员会年会 Annual Conference of the International Committee for Museum Security －ICMS－	国际博物馆协会博物馆安全委员会	11.8－10	200
128	*	国际博物馆协会文学博物馆委员会年会 Annual Conference of the International Committee for Literary Museums －ICLM－	国际博物馆协会文学博物馆委员会	11.8－10	200
129	*	国际博物馆协会展览交流委员会年会 Annual Meeting of the International Committee for Exhibition Exchange －ICEE－	国际博物馆协会展览交流委员会	11.8－10	200
130	*	国际博物馆协会公关与营销委员会年会 Annual Meeting of the International Council of Museums Marketing & Public Relations －MPR－	国际博物馆协会公关与营销委员会	11.8－10	200
131	*	国际博物馆协会第六届城市博物馆活动和搜藏委员会议 6 International Committee for the Collections and Activities of Museums of Cities Conference －CAMOC－	国际博物馆协会城市博物馆活动和搜藏委员	11.8－11	300

续表

序号		名称	主办、协办、承办单位	举办时间	规模
132	*	国际博物馆协会自然历史博物馆委员会年会 Annual Meeting of the International Committee for Museums and Collections of Natural History -NATHIST-	国际博物馆协会 自然历史博物馆	11.8-11	200
133	*	2010国际薄壳与空间结构学会年会 Symposium of the International Association for Shell and Spatial Structures -IASS-	上海市土木工程学会 国际空间与薄壳结构学会（IASS）	11.8-12	400
134	*	国际博物馆协会管理委员会年会 2010 ICOM International Committee on Management Annual Meeting and Conference -INTERCOM-	国际博物馆协会	11.9-10	300
135		第四届中国国际食品安全与质量控制会议暨检测仪器设备展览会（CIFSQ） China International Food Safety & Quality Conference + Expo（CIFSQ）	上海市食品药品安全研究中心 国际食品保护协会	11.10-11	1000
136	*	第3届智能机器人与应用国际会议 The 2010 International Conference on Intelligent Robotics and Application（ICIRA 2010）	国家自然科学基金委员会	11.10-12	150
137		2010第一届分子医学大会	百奥泰生物科技有限公司	11.10-12	500
138	*	第12届商业和企业计算机会议 The 12th IEEE Conference on Commerce and Enterprise Computing（CEC´10）	电气电子工程师学会（IEEE）	11.10-12	200

续表

序号		名称	主办、协办、承办单位	举办时间	规模
139	*	第九届人力资源学会亚洲年会 9th Asian Conference of the Academy of Human Resource Development - AHRD -	华东师范大学	11.11-14	240
140	*	第17届超声内镜国际研讨会 The 17th International Symposium on Endoscopic Ultrasonography	欧洲胃肠内镜学会 (European Society of Gastrointestinal Endoscopy)	11.12-14	1500
141		第四届潮商大会	上海潮汕商会	11.13-14	1200
142	*	第八届国际聚电解质大会（ISP 2010） 8th International Symposium on Polyelectrolyte	华东理工大学（ECUST） 中国化学会（CCS）	11.14-16	100
143	*	第11届亚太物理学大会 The 11th Asia Pacific Physics Conference (APPC11)	亚太物理学会 (Association of Asia Pacific Physical Societies) 中国物理学会 上海交通大学	11.14-18	300
144	*	第12届工程方法国际会议 12th International Conference on Formal Engineering Methods	华东师范大学	11.16-19	200
145	*	第十届亚太地区伦理审查委员会论坛年会 The 10th FERCAP Annual Conference	亚太地区伦理审查委员会论坛	11.22-25	300
146		第八届东亚健康促进会议	东亚健康促进网络中心 徐汇区龙华街道办事处	11.25-27	500
147	*	第八届亚洲编程语言与系统研讨会 The Eighth ASIAN Symposium on Programming Languages and Systems.（APLAS 2010	上海交通大学	11.28-12.1	200
148		2010 SAP全球技术研发者大会	SAP中国	12.1-2	1000
149	*	第十届电子商务国际会议 the 10th International Conference on Electronic Business (ICEB 2010)	上海交通大学	12.1-4	200

续表

序号		名 称	主办、协办、承办单位	举办时间	规模
150	*	IEEE 第19届亚洲测试研讨会 IEEE 19th Asian Test Symposium（ATS2010）	上海大学	12.1-4	130
151		游戏开发者大会 o 中国	联合商业媒体（United Business Media）上海市信息服务业行业协会	12.5-7	1000
152		美国参数技术公司（PTC）2010年 PlanetPTC Live 中国用户大会	美国参数技术公司（PTC）	12.6-7	1200
153		阿迪达斯用户大会	阿迪达斯体育（中国）有限公司	12.6-8	1000
154		2010 第二届心脏病学大会 BIT´2nd Annual International Congress of Cardiology（ICC-2010）	百奥泰生物科技有限公司	12.7-9	500
155	*	第十六届 IEEE 并行与分布式系统国际会议 The IEEE Sixteenth International Conference on Parallel and Distributed Systems	上海交通大学	12.8-10	200
156		亚洲光纤通信与光电国际会议及博览会 Asia Communications and Photonics Conference and Exhibition（ACP）	美国光学学会 美国光电学会 美国国际光电工程学会 中国光学学会 中国通信学会	12.8-12	1500
157		国际金融投资博览会	环球财经	12.9-10	1000
158		第六届制造企业服务外包国际论坛	上海市管理科学学会	12.1	500
159	*	第9届基于 Web 学习（ICWL2010）国际会议 The 9th International Conference on Web-based Learning	上海大学	12.10-12	150
160		第六届国际华夏内分泌大会	中华医学会内分泌学分会	12.10-12	1800
161		第六届中国上海药物流行病学与临床合理用药国际研讨会	中国医师协会培训部 上海市药理学会临床药物评价 专业委员会	12.10-12	500

附录3 2010年上海部分国际会议（论坛）项目表

续表

序号		名称	主办、协办、承办单位	举办时间	规模
162	*	第8届国际最优化方法及应用大会 The 8th International Conference on Optimization: Techniques and Applications (ICOTA 8)	复旦大学	12.10–13	320
163		第21届基因组信息学国际会议 the 21st International Conference on Genome Informatics	上海生物信息学会 上海大学 上海生命科学研究院	12.15–18	400
164		亚洲财富论坛2010年中国年会	亚洲财富论坛 亚洲财富论坛2010年中国年会组委会	12.21–24	1000

注：带*标记的为符合ICCA（国际大会与会议协会）标准，并被ICCA认可的国际协会会议（即按照一定的周期规律在三个以上的国家轮流举办，且与会人数至少达到50人以上的会议）。

附录 4

上海市会展行业展览主（承）办机构资质标准

一、总则

第一条　目的依据

为贯彻上海市人民政府 2005 年第 47 号令，进一步规范会展秩序，提升展览主（承）办机构合法经营、有序竞争、诚信服务的水平，根据国家有关法律、法规，由上海市会展行业协会结合本市实际情况，制定上海市会展行业展览主（承）办机构资质等级标准。

第二条　主（承）办机构定义

本标准所称展览主（承）办机构是指在国家主管机关依法登记注册，负责制定会展计划和实施方案，对招展办展办会活动进行统筹、组织和安排，并对招展办展办会活动承揽主要责任的独立法人单位。

第三条　资质等级标准定义）

资质等级标准是对展览主（承）办机构策划、组织和实施会展活动的能力、质量、业绩和社会信誉的认定，是综合能力的体现，也是参与会展活动的合作和投标活动的重要依据。

第四条　适用范围

凡在工商管理部门登记注册且以主（承）办会展业务为经营主业的独立法人单位，适用本标准。

第五条　资质等级的使用

1. 展览主（承）办机构所获得的资质等级，可在媒体宣传中和业务活动中以文字标明"上海市会展业 XX 级展览主（承）办机构"。

2. 上海市会展行业协会将以各种适当方式宣传推介获资质的展览主（承）办机构，并优先推荐给境内外的会展合作机构。

第六条 管理部门

上海市会展行业协会展览主（承）办机构专业委员会负责资质等级评定工作，并对获得资质等级的展览主（承）办机构进行管理。

上海市会展行业协会对资质等级评定工作行使检查监督权。

二、资质等级分级标准

第七条 等级

展览主（承）办机构的资质为一级、二级、三级共三个等级，一级为最高等级。

第八条 等级划分标准

（一）一级资质标准

1. 展览主（承）办机构的注册资本金人民币 300 万元（含）以上或申报时的上一年度年终总资产达人民币 1000 万元（含）以上。

2. 固定的办公用房（非住宅类）建筑面积 400 平方米（含）以上，并有相应的办公设施；

3. 从事展览主（承）办业务七年（含）以上，并在申请资质等级评定的前三年内在市级政府相关机构无重大安全责任事故及诚信不良的记录；

4. 经营会展活动的业绩（以下四项符合其中一项即可）

1 申请资质等级评定的上一年度其会展主营业务收入达人民币 2000 万元（含）以上；

2 申请资质等级评定的前三年内，主（承）办过不少于一项（含）上海市品牌展项或二项（含）优秀展项；

3 申请资质等级评定的前三年内，主（承）办过 2 项市级政府部门认定的大型节事活动；

4 申请资质等级评定的前三年内，主（承）办过不少于 2 项单体面积 15000 平方米（含）以上的国际展览会或 2 项单体规模 400 人（含）以上的国际会议。

5. 专职从业人员不少于 25 人，其中：高级职称不少于 1 人，中级职称不少于 7 人。

6. 遵守国家有关法律法规，认真执行《上海市展览业管理办法》，积极参与社会公益活动，支持上海市会展行业协会及展览主（承）办机构专业委员会的工作。

(二) 二级资质标准

1. 展览主（承）办机构的注册资本金人民币 100 万元（含）以上或申报时的上一年度年终总资产达人民币 500 万元（含）以上。

2. 固定的办公用房（非住宅类）建筑面积 300 平方米（含）以上，并有相应的办公设施；

3. 从事展览主（承）办业务五年（含）以上，并在申请资质等级评定的前三年内在市级政府相关机构中无重大安全责任事故及诚信不良的记录；

4. 经营会展活动的业绩（以下四项符合其中二项即可）

（1）申请资质等级评定的上一年度其会展主营业务收入达人民币 1000 万元（含）以上；

（2）申请资质等级评定的前三年内，主（承）办过不少于二项（含）上海市优秀展项；

（3）申请资质等级评定的前三年内，主（承）办过一项（含）以上市级政府部门认定的大型节事活动；

（4）申请资质等级评定的前三年内，主（承）办过不少于 2 项单体面积 10000 平方米（含）以上的国际展览会或单体规模 300 人（含）以上的国际会议。

5. 专职从业人员不少于 15 人，其中中级职称不少于 5 人。

6. 遵守国家有关法律法规，认真执行《上海市展览业管理办法》，积极参与社会公益活动，支持上海市会展行业协会及展览主（承）办机构专业委员会的工作。

(三) 三级资质标准

1. 展览主（承）办机构的注册资本金人民币 50 万元（含）以上或申报时的上一年度年终总资产达人民币 200 万元（含）以上。

2. 固定的办公用房（非住宅类）建筑面积 150 平方米（含）以上，并有相应的办公设施；

3. 从事展览主（承）办业务三年（含）以上，并在申请资质等级评定的前三年内在市级政府相关机构中无重大安全责任事故及诚信不良的记录；

4. 经营会展活动的业绩（以下四项符合其中二项即可）

（1）申请资质等级评定的上一年度其会展业务收入达人民币 500 万元（含）以上；

（2）申请资质等级评定的前三年内，主（承）办过不少于一项（含）上海市优秀展项；

（3）申请资质等级评定的前三年内，主（承）办过二项（含）区级政府部门认定的大型节事活动；

（4）申请资质等级评定的前三年内，主（承）办过不少于 2 项单体面积 5000 平方米（含）以上的国际展览会或 2 项单体规模 200 人（含）以上的国际会议。

5. 专职从业人员不少于 8 人，其中中级职称不少于 3 人。

6. 遵守国家有关法律法规，认真执行《上海市展览业管理办法》，积极参与社会公益活动，支持上海市会展行业协会及展览主（承）办机构专业委员会的工作。

三、资质等级申报与评定

第九条　申报原则

凡在工商管理部门登记注册的展览主（承）办机构均可自愿申报。

未经申报评定，任何展览主（承）办机构均不得在对外宣传和会展活动过程中冒用任何级别的资质等级。

第十条　申报文件

凡达到相应资质等级的展览主（承）办机构，须提出书面申请，并备妥以下相关资料：

1. 参评授权书正本（正本，样张附后）；
2. 申报机构基本信息表（样张附后）；
3. 申办人员授权书（正本，样张附后）；
4. 独立法人单位有效期内的营业执照（证书）和验资报告的复印件；
5. 办公场地使用证明的复印件；
6. 企业员工缴纳四金记录（或劳动手册）及中级职称以上从业人员的证书复印件；
7. 机构主要负责人（法定代表人和法定代表人授权的经营责任人）简历；
8. 最近三年的年终财务报表（经审计）复印件和最近一个月的资产负债表复印件（加盖公章）；
9. 最近三年主（承）办会展活动的业绩简述（要求见附表）；
10. 市区级政府部门或其授权机构认定的社会诚信或其他荣誉证书的复印件；
11. 申报资料中如有涉及商业秘密的事项需予以明确标示并注明保密

期限。

第十一条　评审程序

上海市会展行业协会展览主（承）办机构专业委员会三方咨询机构进行调研测评，由市会展行业协会组织专家组进行综合审核评定。

第十二条　评审时间

以上海市会展行业协会展览主（承）办机构专业委员会发出的通知为准。

第十三条　评审结果公示

评定结果在协会网站、媒体上公示一个月，如无投诉或投诉经查核后不影响评审结果，由协会展览主（承）办机构专业委员会颁发等级证书。

四、资质管理

第十四条　资质年限

每二年年检一次，四年复评一次并换发证书；

第十五条　变更手续

展览主（承）办机构变更名称、注册资金、办公地址、法定代表人等重大信息，应在办理变更手续后 30 天内向市会展协会办理相应的变更手续。

第十六条　处罚

已通过资质评审的展览主（承）办机构有下列情形之一者，将视其情节轻重，由上海市会展行业协会展览主（承）办机构专业委员会处以公示警告、降低资质等级、直到撤销资质等级等不同处罚：

1. 违背国家和地方相关法规、从事非法经营活动并受到司法部门或行政执法部门处罚的；

2. 进行不实宣传并造成不良影响及后果；

3. 在会展行业中搞恶意竞争或侵犯他人知识产权并受到司法部门追究的；

4. 出现重大安全责任事故；

5. 扰乱、危害会展市场秩序及会展业健康发展的大环境；

6. 出卖、出借、转让、涂改、复制《资质等级证书》或伪造更高一级《资质等级证书》用以承揽业务或进行宣传、谋利；

7. 由于未办理必须或基础保险而产生的严重后果；

8. 无特殊原因未在规定的期限内办理年检及复评手续；

9. 隐瞒或提供重大的虚假信息参加资质等级评定，一经查实，已获资质等级的予以立即撤销；尚未获得资质等级的予以冻结资质等级评定资格两年。

10. 未经申报评定，在对外宣传中冒充符合资质等级的，在全行业中通报批评，报送主管部门处罚。

第十七条　责任

1. 已获资质等级的展览主（承）办机构在经营活动中，发生经济纠纷、民事纠纷等违法行为由该机构自负经济和法律责任。

2. 上海市会展行业协会及其展览主（承）办机构专业委员会对展览主（承）办机构在申报过程中提供的资料内涉及商业秘密的事项负有保密责任，如有违反并给展览主（承）办机构带来严惩的信誉或经济损失的，将给相关责任人予以严肃处理直至追究法律责任。

第十八条　解释

本标准由上海市会展行业协会展览主（承）办机构专业委员会负责解释和修订。

第十九条　实施日期

本标准自发布之日起开始实施。

2009 年 10 月

上海会展行业协会展览主（承）办机构专业委员会简介

为进一步规范上海市展览和会议组织机构的经营行为，在依法办展办会、诚信服务的同时，又切实依法维护自身利益，经协会第二届第四次理事大会通过，决定成立上海市会展行业协会展览主（承）办机构专业委员会。

目前我协会已有会员单位近 500 余家，其中展览、会议的主（承）办机构有 80 多家。为积极稳妥地推进上海市会展行业协会展览主（承）办机构专业委员会的成立，本协会就展览主（承）办机构专业委员会的成立条件和行业发展情况，携同业内专业人士进行了专题调研，得到有关会员单位的广泛支持。本专业委员会于 2009 年 1 月 9 日正式成立。展览主（承）办机构专业委员会设名誉主任一名，主任一名，副主任若干名。

根据《上海市会展行业协会展览主（承）办机构专业委员会工作条例》有关条款的精神，本专业委员会的主要任务有：

1. 在协会的领导下，搭建政府与企业的桥梁，协助政府主管部门做好项目审批的前期协调工作，并做好政策咨询、市场调研及相关配套服务评估等工作，更有效地带动相关产业的发展；

2. 规范行业经营行为，维护市场规则；

3. 组织业内交流和行业评比工作，加强自身建设；

4. 加强行业自律，开展诚信服务，营造良好的经营环境；
5. 组织专业培训，帮助会员单位建设专业人才队伍；
6. 依法维护会员单位的合法权益，做好各相关部门的协调工作；
7. 为会员单位提供国内外的信息和业务合作机会。

附录 5

上海市会展行业协会展示工程企业资质标准

一、总则

第一条 目的依据

为了适应上海展览业快速发展的形势，进一步规范市场，促进展览业的竞争与合作，提高展示工程的技术和施工水平，确保展示工程的质量和安全，推动行业进步与发展，根据国家有关法律、法规，结合本市实际和企业情况，制定本行业资质等级标准及评定细则。

第二条 相关定义

本细则所称展示工程是指在博览会、展销会、展览馆、博物馆、商业陈列以及各类会议场所的室内、室外空间利用实物、模型、装饰材料，各类型材等通过文字、图片和声、光、电技术手段进行创意设计、特殊装饰、装修、包装的经营活动。

第三条 适用范围

资质等级标准是协会对展示工程企业设计、施工能力、质量和信誉的认定，是参与投标、承揽业务的重要依据。

凡本协会会员，并经营展示工程相关业务的独立法人企业，均适用本细则。

第四条 管理部门

上海市会展行业协会聘请第三方评估机构进行评估，展示工程专业委员会组织专家评审，协会对获得资质等级的企业进行管理、监督、检查。

二、资质等级分级标准

第五条 等级划分

展示工程企业资质分为一级、二级、三级。

(一) 一级资质等级标准

1. 企业注册资金在人民币 300 万元，或相当于 300 万元等值外币，或资产合计在 2000 万元以上，并从事本行业 5 年以上的独立法人企业。

2. 固定的办公（非住宅类）用房面积不少于 250 平方米，或综合加工场和仓储用房面积在 3000 平方米以上。

3. 有较先进的成套技术设备和完善的办公设施，有固定的节能环保等加工设备和相应的配套设施。

4. 已通过 ISO 质量管理体系认证，并且在认证有效期内，有完善的企业管理制度。

5. 评定资质等级的前三年内，从事本行业经营活动中没有在工商部门、政府委办、协会网站有关严重安全、质量事故和涉及企业诚信的不良记录。

6. 申请评定资质等级的上二年度，展示工程主营业务营业额达到人民币 2000 万元（须提供最近 2 年的审计报告）；

7. 申请评定资质等级的工程业务要求（以下 5 项中符合任意一项即可）：

（1）自正式申请资质等级评审之日起前三年内，独立承担过不少于 3 项 10 万平方米以上的展览主场项目；

（2）承接过如世博会等国家级重大项目；

（3）自正式申请资质等级评审之日起前三年内，独立承担过不少于 10 项 4 万平方米以上的展览主场项目；

（4）自正式申请资质等级评审之日起前三年内，独立承担过不少于 3 项单位特装面积 5000 平方米以上或 3 项单项合同金额 500 万以上的展览特装工程项目；

（5）自正式申请资质等级评审之日起前三年内，独立承担过不少于 10 项单位特装面积 1000 平方米以上或 10 项单项合同金额 100 万以上的展览特装工程项目。

注：以上 5 项须提供相应的合同原件及已履行完毕证明。

8. 企业内专职管理、技术人员不少于 12 人。其中：中级会展师职称不少于 3 人，相当于高级会展师职称不少于 1 人。

9. 严格遵守国家有关法律法规，积极支持上海市会展行业协会及展示工程专业委员会的工作，遵守行业自律公约。

(二) 二级资质等级标准

1. 企业注册资金在人民币 150 万元或相当于 150 万元的等值外币，或实有资产在 1000 万元以上，并从事本行业 3 年以上的独立法人企业。

2. 固定的办公（非住宅类）用房面积不少于 200 平方米，或综合加工场和仓储用房面积在 1000 平方米以上。

3. 有较先进的成套技术设备和完善的办公设施，有固定的节能环保等加工设备和相应的配套设施。

4. 评定资质等级的前三年内，从事本行业经营活动中没有在工商部门、政府委办、协会网站有关严重安全、质量事故和涉及企业诚信的不良记录。

5. 申请评定资质等级的上二年度，展示工程主营业务营业额达到人民币 1000 万元（须提供最近 2 年的审计报告）；

6. 申请评定资质等级的工程业务要求（以下 4 项中符合任意一项即可）：

（1）自正式申请资质等级评审之日起前三年内，独立承担过不少于 3 项 5 万平方米以上的展览项目；

（2）自正式申请资质等级评审之日起前三年内，独立承担过不少于 10 项 1 万平方米以上的展览项目；

（3）自正式申请资质等级评审之日起前三年内，独立承担过不少于 3 项单位特装面积 1000 平方米以上或 3 项单项合同金额 200 万以上的展览特装工程项目；

（4）自正式申请资质等级评审之日起前三年内，独立承担过不少于 10 项单位特装面积 500 平方米以上或 10 项单项合同金额 50 万以上的展览特装工程项目。

注：以上 4 项须提供相应的合同原件及已履行完毕证明。

7. 企业内专职管理、技术人员不少于 10 人。其中，中级会展师职称不少于 2 人。

8. 遵守国家有关法律法规，积极支持上海市会展行业协会及展示工程专业委员会的工作，遵守行业自律公约。

（三）三级资质等级标准

1. 企业注册资金在人民币 50 万元或相当于 50 万元的等值外币，或实有资产在 500 万元以上，并从事本行业 1 年以上的独立法人企业。

2. 固定的办公用房面积不少于 100 平方米，或综合加工场和存储用房面积 500 平方米以上。

3. 有成套的先进技术设备和完善的办公设施，有固定的金属、木器与电器等加工设备和相应的配套设施。

4. 评定资质等级的前三年内，从事本行业经营活动中没有在工商部门、政府委办、协会网站有关严重安全、质量事故和涉及企业诚信的不良记录。

5. 申请评定资质等级的上二年度，展示工程主营业务营业额达到人民币 300 万元（须提供最近 2 年的审计报告）；

6. 申请评定资质等级的工程业务要求（以下 4 项中符合任意一项即可）：

（1）申请资质等级的上一年度，独立承担过不少于 2 项 1 万平方米以上的展览主场项目；

（2）申请资质等级的上一年度，独立承担过不少于 5 项 2500 平方米以上的展览主场项目；

（3）申请资质等级的上一年度，独立承担过不少于 2 项单位特装面积 300 平方米以上或 2 项单项合同金额 50 万以上的展览特装工程项目；

（4）申请资质等级的上一年度，独立承担过不少于 10 项单位特装面积 100 平方米以上或 10 项单项合同金额 10 万以上的展览特装工程项目。

注：以上 4 项须提供相应的合同原件及已履行完毕证明。

7. 企业内专职管理、技术人员不少于 6 人。其中，中级会展师职称不少于 1 人。

8. 遵守国家有关法律法规，积极支持上海市会展行业协会及展示工程专业委员会的工作，遵守行业自律公约。

三、申报与评定

第六条　参评资格及原则

（一）上海市会展行业协会展示工程专业委员会会员均可申报参评。

（二）本细则采用自主申报，自愿参评的评定原则。

（三）参评单位对申报资料的真实性和完整性承担法律责任。

第七条　参评申报材料

参评单位需提出书面申请，并真实、完整的向协会报送下列参评材料，参评授权书和参评单位基本信息表由协会提供格式文本：

1. 参评授权书（法人签章）；

2. 参评单位基本信息表（法人签章）；

3. 企业工商营业执照副本、税务登记证副本、ISO 质量管理体系认证证书（复印件）；

4. 企业专职人员缴纳四金记录（或劳动手册）及管理、设计、技术人员的相关资质和学历证明（复印件）；

5. 最近两年的年度审计报告或年度财务报告，以及上一年度固定资产清单（复印件）。

第八条 评定程序

展示工程专业委员会对参评申报资料进行初审，初审合格后由协会委托的第三方评估机构进行调研测评，经展示工程专业委员会专家组审评，最终由协会作出综合评定结论。自书面受理通知函出具之日起，四个月内完成评定工作。

第九条 公示结果

评定结果在上海市会展行业协会刊物、网站等予以公示，由上海市会展行业协会颁发资质等级证书。

四、资质管理

第十条 资质有效期

（一）资质有效期为三年，每年进行抽检，三年复评并换发证书。

（二）资质等级证书超过有效期的企业应自觉申请复评，逾期失效。

第十一条 企业责任

（一）取得资质等级的企业，在进行展示设计施工中必须严格执行有关技术标准和质量要求，使用符合国家规定环保节能的安全材料，确保工程质量。

（二）有资质等级的企业与客户签订合同时，严禁将工程分包给不具有合法性和规范操作的企业施工。

第十二条 变更信息登记

企业变更名称、地址、注册资金、法定代表人等重大信息变更，应在工商登记变更之日起十五个工作日内向协会办理相关变更手续。

第十三条 资质适用范围

获得一级资质的单位，可承接的展示工程项目面积和合同金额不限，并可获得协会优先向社会推荐、进入政府招标网的资格，以及项目总包的资格。

获得二级资质的单位，可承接合同金额人民币200万元以下的展示工程项目，并可获得协会向社会推荐的资格，以及获得向主承办单位推荐为主场承建商的分包资格。

获得三级资质的单位：可承接合同金额人民币100万元以下的展示工程项目，并可获得协会向社会推荐的资格，以及获得向主承办单位推荐为主场承建商的分包资格。

第十四条　相关处罚

获得资质评审的单位如有下列情形之一者，视情节轻重，由上海市会展行业协会处以公示警告、降低或撤销资质等级等相应的处罚：

1. 违背国家和地方相关法规、从事非法经营活动；
2. 进行虚假不实宣传；
3. 侵犯知识产权；
4. 人为造成重大安全事故；
5. 扰乱、危害展示工程行业市场秩序及健康发展环境；
6. 出卖、出借、转让、涂改、伪造《资质等级证书》并用以承揽业务或宣传；
7. 由于未投必须或基础保险而产生的不良后果；
8. 未在规定时间内参与复评以及不按协会章程缴纳有关费用的；
9. 隐瞒或提供虚假信息参加资质等级评定，一经查实，已获得资质等级的予以立即撤销；尚未获得资质等级的予以冻结资质等级评定资格一年。

第十五条　其他

资质等级评定是上海市会展行业协会展示工程专业委员会对参评单位综合能力及信誉的认可，超越评定认可范围内的各类经济纠纷、民事纠纷均由参评单位自行负责。

五、附则

第十六条　解释

本细则由上海市会展行业协会负责解释与修订。

第十七条　实施日期

本细则自发布之日起正式实施。

附录 6

上海市会展行业协会获奖情况

（一）上海市社会工作党委授予协会党委深入学习实践科学发展观活动特色成果奖

（二）上海市社会工作党委授予协会服务世博贡献奖

（三）上海市经济团体联合会授予协会 2009 - 2010 年度先进行业协会

（四）上海市经济团体联合会授予协会常务副会长兼秘书长龚维刚同志协会先进工作者光荣称号

附录 7

首届上海会展创意设计获奖企业名单

（一）荣获首届上海会展创意设计品牌企业
1. 上海现代国际展览有限公司
2. 上海笔克展览服务有限公司
3. 点意空间国际展览集团有限公司
4. 上海龙展装饰工程有限公司
5. 上海创信展示广告设计制作有限公司

（二）荣获首届上海会展创意设计优秀企业
1. 上海乃村装饰工艺有限公司
2. 上海和煦展览服务有限公司
3. 上海美术设计有限公司
4. 上海励展展览设计工程有限公司
5. 上海汉图装饰有限公司
6. 上海形家广告设计有限公司
7. 上海新思维传播策划有限公司
8. 上海亿品展示设计工程有限公司
9. 上海中展展览服务有限公司
10. 金明展示工程（上海）有限公司
11. 上海波特曼装饰设计工程有限公司
12. 上海凡高展览策划有限公司
13. 上海风语筑展览有限公司
14. 上海东毅展览服务有限公司
15. 安宝示展览展示工程（上海）有限公司
16. 上海德展展览展示服务有限公司

附录 8

服务世博协会会员企业获奖名单

（一）荣获上海市市级荣誉称号：

1. 点意空间（上海）展览设计工程有限公司世博项目组荣获上海市总工会"工人先锋号"荣誉称号；

2. 上海乃村装饰工艺有限公司、点意空间（上海）展览设计工程有限公司荣获上海市精神文明建设委员会、上海市迎世博 600 天行动社会动员指挥部、上海市迎世博 600 天行动城市管理指挥部、上海市迎世博 600 天行动窗口服务指挥部联合颁发的"迎世博贡献奖——优秀创意贡献奖"；

3. 点意空间（上海）展览设计工程有限公司刘林同志荣获上海市委组织部授予的"五带头"共产党员荣誉称号。

（二）荣获上海市政府委办系统荣誉称号：

1. 获得上海市社会工作党委授予"服务世博先进集体"荣誉称号：

点意空间（上海）展览设计工程有限公司

上海乃村装饰工艺有限公司

上海龙展装饰工程有限公司

上海笔克展览服务有限公司

2. 获得由上海市科协、市发改委、市科委、市国资委、市社会工作党委联合颁发的"上海市'讲理想、比贡献'活动先进集体"荣誉称号：

上海乃村装饰工艺有限公司

3. 获得上海市社会工作党委授予"服务世博先进个人"荣誉称号：

上海龙展装饰工程有限公司	孙　峰
上海乃村装饰工艺有限公司	陆景阳
点意空间（上海）展览设计工程有限公司	刘　林
上海笔克展览服务有限公司	陈秀珠
上海创信展示广告设计制作有限公司	徐立红
上海佳世展览有限公司	王　晏

上海东毅展览服务有限公司	吴国平
上海励展展览设计工程有限公司	刘　丹
上海形家广告设计有限公司	金　康
上海兰凯会展服务有限公司	杨可可
上海和煦展览服务有限公司	黄琦珺
上海一百广奘广告有限公司	秦士正
上海汉图装饰有限公司	刘洪文
上海秋阳展览服务有限公司	吴春雨

4. 获得市科协、市发改委、市科委、市国资委、市社会工作党委联合颁发的"上海市"讲理想、比贡献"活动优秀组织者"荣誉称号：

上海龙展装饰工程有限公司	孙　峰

（三）荣获上海市会展行业协会荣誉称号：

1. 2010 会展企业"服务世博成就奖"

上海笔克展览服务有限公司

上海创信展示广告设计制作有限公司

点意空间国际展览集团有限公司

上海科技会展有限公司

上海励展展览设计工程有限公司

上海龙展装饰工程有限公司

上海乃村装饰工艺有限公司

上海美术设计有限公司

思维佳展览服务（上海）有限公司

上海现代国际展览有限公司

上海新思维传播策划有限公司

上海汉图装饰有限公司

2. 2010 上海会展企业"服务世博贡献奖"

上海和煦展览服务有限公司

上海佳世展览有限公司

上海兰凯会展服务有限公司

上海灵通展览用品有限公司

上海日恒展览服务有限公司

上海东毅展览服务有限公司

上海会展有限公司

上海外经贸商务展览有限公司
上海万石展览服务有限公司
上海韦肯展览展示服务有限公司
上海形家广告设计有限公司
上海雅昱展览展示有限公司
智奥会展（上海）有限公司
中新会展（上海）有限公司
安宝示展览展示工程（上海）有限公司
上海中旅国际旅行社有限公司
泛联国际货运代理（上海）有限公司
上海广电影视制作有限公司
上海秋阳展览服务有限公司

附录 9

2010 年上海会展行业协会大事记

2010 年 2 月 5 日，协会召开第三届第一次会员大会，民主选举产生了第三届理事会和协会新领导班子。会长：吴承璘；常务副会长：龚维刚兼任秘书长；任命徐桦、马红定为第三届上海市会展行业协会秘书处副秘书长；并聘请蒋以任、宋仪侨为名誉会长；聘请市商务委、市科委、市教委、市社工委、市外办、市社团局、市统计局、世博局的有关领导作为本届理事会的顾问。

2010 年 4 月 25 日，协会受市旅游局委托，组织来自长三角地区、北京、青岛、太原的企业及会员企业 5009 人，参加世博演练。

2010 年 5 月，"世博园区会展行业党建服务点"即"世博园区上海市会展行业临时党支部"成立。

2010 年 6 月 18 日，"泰中展览业合作交流会"在上海浦东香格里拉大酒店圆满召开。

2010 年 7 月 20 日，以"会展与低碳公共建筑可持续发展"为主题的上海会展论坛在光大会展中心隆重举行。

2010 年 8 月，协会启动上海会展业创意设计系列评选活动，12 月上海市会展行业协会展示工程企业评选活动结果出炉。

2010 年 9 月，为了总结世博成就，表彰服务世博企业，促进会展业繁荣，上海市会展行业协会开展业内评奖活动，12 月评选结果出炉。

2010 年 9 月 19 日，亚洲展览会议协会联盟上海代表处成立，一致推荐协会会长吴承璘任联盟副会长。

2010 年 10 月，由协会牵头，组织包括市商务委、市外办、市旅游局、华东师范大学、上海应用技术学院、上海国际经济研究所、上海环球展览、上海百文展览、上海国展中心等十九名业内专家和院校教授，组成上海会展业"十二五"发展规划课题组，从大会展的角度，通过大量的调查研究，完成了上海市"十二五"时期会展业发展规划报告。

2010 年 10 月 14 日，展览主（承）办机构专业委员会主任会议通过第一期展览主（承）办机构资质等级评定结果，共有14家展览主（承）办企业获得一级资质。

2010年12月，会议专业委员会筹办工作启动。

2010年12月21日，以"放大世博效应，促进会展发展"为主题的2010上海会展论坛在上海第二工业大学召开。上海市政协副主席周禹鹏出席会议并致辞。

附录 10

《经济贸易展览会术语》国家标准（摘编）

1 展览类型

1.1

展览［会］ exhibition; fair

博览会

〈展览〉在一定地域空间和有限时间区间内举办的，以产品、技术、服务的展示、参观、洽谈和信息交流为主要目标的，有多人参与的群众性活动。

1.2

经济贸易展览会 trade exhibition; trade fair

以贸易、投资和经济合作等商务活动为主要功能的展览会（1.1）。

1.3

国际展览会 international exhibition; international exposition

境外参展商（3.7）不低于全部参展商（3.5）的10%，或者境外观众（3.12）不低于全部观众（3.9）的5%的展览会（1.1）。

1.4

出展 out-bound exhibition

以参展商（3.5）或展团的身份在境外参加或独立举办展览会（1.1）的行为。

2 展览场所

2.1

展览场所 fairground; venue

可供举办展览活动的场地及建筑物。

注：包括独立的永久性场地或建筑物，博物馆、图书馆等永久性场所为展览活动提供的专门场地，以及临时搭建的用于举办展览活动的场地。

2.2

展览场馆 exhibition building

展馆

场馆

以举办展览活动为主要功能的永久性建筑物。

2.3

地面承重 floor load; loading capacity

地面荷载

展馆（2.2）地面单位面积可承受的最大重量。

注：通常以吨/平方米为单位。

2.4

年场馆出租率 annoal occupancy rate

展览场馆（2.2）在一个自然年度内实际出租的室内面积总和与其可供出租的室内面积总和的百分比。

2.5

主入口 main entrance

观众（3.9）进入展览区域的主要入口。

2.6

展台净面积 booth space; stand space

参展商（3.5）根据参展合同（5.5）有偿使用的展台（2.9）面积。

2.7

展览净面积 net exhibition space

展台净面积（2.6）之和。

2.8

展览总面积 gross exhibition space

展览会（1.1）实际用于展览活动的所有场地面积

注：不包括餐饮区、办公区和仓储区。

2.9

展台 booth; stand

展览会（1.1）上用于展示活动的结构单元。

2.10

标准展台 package stand; shell scheme

标摊

展览场所（2.1）内主办（或承办）单位按统一样式和尺寸、采用统一材料搭建的展台（2.9）。

注：标准展台具备相同的基本配置，尺寸一般为，9m²、12 m²、15m²。

2.11

光地 raw space

用于搭建特装展台（2.12）的展览场地。

2.12

特装展台 special design

特装

展览场所（2.1）内标准展台（2.10）以外的展台（2.9）。

2.13

楣板 fascia board

标准展台（2.10）上标有参展商（3.5）名称、机构标志和展合编号等有关信息的展板。

3 展览相关方

3.1

主办单位 organizer；sponsor

策划、运营展览会（1.1），拥有并对展览活动承担主要责任的组织。

3.2

承办单位 co–organizer

受主办单位（3.1）委托，承担、协助、参与展览会（1.1）策划或运营的组织。

3.3

协办单位 cooperator

协助主办（或承办）单位举办展览会（1.1）的组织。

3.4

支持单位 supporter

向展览会（1.1）或其相关活动提供有效资源的组织。

3.5

参展商 exhibitor

签订参展合同（5.5），履行合同义务，拥有展台（2.9）使用权，展示产品、技术和服务的组织。

3.6

境内参展商 domestic exhibitor

合法注册地在中华人民共和国境内的参展商（3.5），外商独资企业除外。

3.7

境外参展商 overseas exhibitor

境内参展商（3.6）以外的参展商（3.5）。

3.8

国家展团 national pavilion; national participation

由国家有关部门或其委托的机构组织的，代表该国家参展的展览团。

3.9

观众 visitor; attendee

展览会（1.1）展出期间，参观展览会（1.1）的人员。

注：不包括主办单位（2.3）、场馆（2.2）方、服务商、展商（3.5）的工作人员。

3.10

专业观众 trade visitor

展览会（1.1）展出期间，出于收集信息、采购洽谈、联络参展商（2.3.5）等专业或商业目的参加展览会（1.1）的观众（3.9）。

3.11

境内观众 domestic visitor

登记且有效的通信地址及身份证明均为境内的观众（3.9）。

3.12

境外观众 overseas visitor

登记且有效的通信地址或身份证明为境外的观众（3.9）。

3.13

展览服务商 exhibition service provider; vender

为展览会（1.1）提供服务的组织。

注：展览服务商提供的服务可包括展台（2.9）搭建、展品运输（4.6）、广告代理、观众登记（4.11）、会务、餐饮服务等。

3.14

主场服务商 official service provider

由主办（或承办）单位指定并委托，为参展商（3.5）提供现场服务（4.7）的组织。

3.15

展览经理 show manager

有权力和责任带领项目团队、管理展览项目并达到项目目标的负责人。

4 展览有关活动

4.1

招商 visitor promotion

〈展览〉邀请可能成为观众（3.9）的个人或团体参加展览会（1.1）的活动。

4.2

招展 exhibitor promotion; exhibition acquisition

邀请可能成为参展商（3.5）的组织参加展览会（1.1）的活动。

4.3

商务配对 match making

主办（或承办）单位举办的、由参展商（3.5）和专业观众（3.10）参加的对口洽谈活动。

4.4

布展 move–in; build up

展览会（1.1）开幕前为展出所进行的现场准备活动。

4.5

撤展 move–out; tear down

展览会（1.1）闭幕后的现场清理活动。

4.6

展品运输 freight forwarding

会展物流服务商受参展商（3.5）委托将展品（6.1）从指定地点运至展台（2.9），或由展台（2.9）运回指定地点的活动。

4.7

现场服务 on–site service

展览会（1.1）期间，主办（或承办）单位和展览服务商（3.13）在展览场所（2.1）向参展商（3.5）和观众（3.9）提供的各种服务。

4.8

技术交流会 technical seminar

〈展览〉参展商（3.5）在展览会（1.1）期间举办的，主题与其产品、技术和服务有关的会议。

4.9

技术研讨会 technical conference

〈展览〉主办（或承办）单位在展览会（1.1）期间举办的技术会议。

4.10
展品销售 sales of exhibits
在展览会（1.1）现场销售实物展品（6.1）的活动。

4.11
观众登记 visitor registration
观众（3.9）根据主办（或承办）单位的要求提供信息的活动。

4.12
观众统计 visitor demographic
对登记的观众（3.9）信息数据进行汇总、分类、计算和分析等的活动。

4.13
展览统计 exhibition statistics
收集展览会（1.1）相关数据、计算和分析展览会（1.1）各项技术指标的活动。

5 展览有关文件

5.1
展览批文 exhibition license
国家展览管理部门根据相关法律法规对国际展览会（1.3）项目进行审查并批准后发放的许可文件。

5.2
租馆合同 lease contract for exhibition space
展览场馆（2.2）与主办（或承办）单位签订的展览场所（2.1）租赁协议。

5.3
招展书 sales brochure
主办（或承办）单位编制的、推广和销售展览会（1.1）的文件.

5.4
参展申请表 space application; space form
主办（或承办）单位编制的、供目标展商预定展台（2.9）的文件。

5.5
参展合同 space contract
参展商（3.5）与主办（或承办）单位签订的站台（2.9）租赁协议。

5.6
展位平面图 floor plan

标示展览场所（2.1）出入口、通道、展台（2.9）分布和公共服务设施等信息的图。

5.7

展商手册 exhibitor manual

主办（或承办）单位编制的、指导，展商（3.5）参展的文件。

5.8

展前预览 show preview

展览会（1.1）开幕前向观众（3.9）介绍展览会（1.1）、参展商（3.5）和主要展品（6.1）信息的文件。

5.9

参观指南 show guide

介绍展览会（1.1）、参展商（3.5）和展品（6.1）等信息，指导观众（3.9）参观展览会（1.1）的文件。

5.10

展报 show daily

报道在展览会（1.1）期间有关参展、参观及其他活动信息的报刊。

5.11

胸卡 badge

展览会（1.1）期间进入展览区域的人员佩戴的、用于标示人员身份的卡片。

注：通常按主办单位（3.1）、展商（3.5）、观众（3.9）、媒体、工作人员等区分。

5.12

会刊 show directory；exhibition catalogue

展览会（1.1）开幕前编制并在展览会（1.1）期间向特定对象发放的、关于参展商（3.5）及其展品（6.1）信息的文件。

5.13

展会报告 show report

主办（或承办）单位在展览会（1.1）闭幕后发布的关于展览会（1.1）情况的报告。

6 其他

6.1

展品 exhibits

参展商（3.5）在展览会（1.1）期间展示的产品、技术和服务。

6.2

参展规则 terms and conditions; rules and regulations

由主办（或承办）单位和展览场馆（2.2）制定的，展览会（1.1）相关方和人员应遵守的规则。

6.3

媒体日 press day

展览会（1.1）仅对媒体开放的展览日。